CONTE *verlag*

Rusudan Gorgiladse

Georgien

Eine kulinarische Entdeckungsreise

Aus dem Georgischen von Alexander Kartosia

CONTE

Für meine Eltern, die gegangen sind,
und für Luc, meinen Enkel, der gekommen ist.

DANKSAGUNG

Die Veröffentlichung dieses Buches wäre undenkbar gewesen ohne die Hilfe und Unterstützung vieler Menschen.

Zuallererst möchte ich mich bei meinen lieben Freunden Manana Kartosia und Tariel Schawerdaschwili für ihre außerordentliche Unterstützung bedanken.

Zu besonderem Dank bin ich Klaus Christ verpflichtet. Ohne seinen Einsatz wäre das Buch nicht im Saarland, dem Partnerland Georgiens, erschienen.

Die Hilfe und der kreative Einsatz der georgischen Künstlerin Tamara Kwesitadse ist nicht hoch genug einzuschätzen. Ich bin stolz, dass ihre Werke mein gesamtes Buch begleiten.

Ein spezieller Dank gilt meinen Freunden Regine Kühn und Eduard Schreiber, die mir mit Rat und Tat zur Seite standen.

Bei der Suche und der Auswahl der Illustrationen waren mir eine große Hilfe: das Georgische Nationalmuseum, die Nationale Parlamentsbibliothek von Georgien, das Staatliche Zentrum für Manuskripte Georgiens, das Staatliche Museum für Literatur in Tbilissi, die Schlesinger Library der Harvard University, die Yale University, die Berliner Staatsbibliothek, die Stiftung Preußischer Kulturbesitz und das Landesmuseum Halle.

Mein besonderer Dank gilt Prof. Dr. Dawit Lortkipanidse, dem Leiter des Georgischen Nationalmuseums und seinen Mitarbeitern.

Ich möchte Badri Wadatschkoria, Nana Dolidse, Ketewan Sadghobelaschwili, Kitti Sigua, Ekaterine Tschilaia, Tamar Ghonghadse und Kacha Buchraschwili herzlich danken.

Ich bedanke mich bei Lascha Bakradse und Romana Berg.

Mein Dank für sehr wertvolle Kommentare gilt meinen lieben Freunden Uli und Manfred Jacobs, Maurizia und Richard Jenkins und Florian Wolfrum.

Besonderer Dank gebührt Kacha Gwelessiani, Giorgi Macharadse und Giorgi Tawadse.

Mein herzlicher Dank gilt Lewan Abramischwili, Sophio Gatschetschiladse, Ketino Gorgiladse, Akaki Gelaschwili, Lali Meladse, Surab Mikadse, Neli Pirzchalawa, Kaki Ramischwili, Lewan Taktakischwili, Luarsab Togonidse, Steve Weinberg.

Für eine sehr freundliche und produktive Zusammenarbeit möchte ich mich herzlich bei Stefan Wirtz und Markus Dawo vom Conte Verlag bedanken.

Nicht zuletzt gilt mein Dank dem *Georgian National Bookcenter* für dessen Unterstützung bei der Herstellung des Buches.

Dieses Buch wäre nicht entstanden ohne die Unterstützung meiner Familie. Ich danke meinem Mann, Alexander Kartosia, und meiner Tochter, Inga Achwlediani.

Mir fehlen die Worte, meine Dankbarkeit an Joana Heinle auszudrücken für ihre Freundschaft, die mir eine Stütze im Leben ist.

Rusudan Gorgiladse
September 2018

INHALT

Goldene Schale von Trialeti.
Erste Hälfte des zweiten Jahrtausends v. Chr.

EINFÜHRUNG

Alles begann mit dem Safran

Vor etwa sechs Jahren zog ich mit meiner Familie nach Deutschland. Eines Tages beschloss ich, Bashe zu kochen. Bashe ist eine georgische Walnusssauce mit Knoblauch und Safran. Ich ging in das nächste indische Geschäft. Dort gab es keinen Safran. Ich gab nicht auf, suchte weiter und spürte ihn auf.

Mein Erstaunen war grenzenlos, als ich den Preis des in ein winziges Fläschchen geschütteten Safrans erfuhr. Ich hätte mir niemals vorgestellt, Safran könne so teuer sein. In Georgien ist er wirklich preiswert. Was für ein lukratives Geschäft könnte daraus erwachsen, kam mir in den Sinn.

Ich brachte den Safran nach Hause und schwor mir, ihn nie mehr in Deutschland zu kaufen, sondern ihn mir von zuhause schicken zu lassen.

Ich streute den Safran auf die gemahlenen Walnüsse. Er hatte einen eigenartigen Geruch und schmeckte sonderbar. Er war orangefarbiger als der georgische. Mit einem Wort, es war kein Safran, jedenfalls nicht für mich.

Also begann ich zu recherchieren. Wir Georgier benutzen den Safran so oft, dass ich nicht glaubte, es könnte etwas um den Safran geben, was ich nicht kannte.

Die Recherche ergab, dass Safran eine blaue Blume ist und *Crocus savitus* heißt. Was als Gewürz gebraucht wird, ist seine Karpelle und Narbe. Das Sammeln von Safran ist mühsame Arbeit. Darum ist er das teuerste Gewürz.

Crocus sativus

Was halb Georgien, mich eingeschlossen, für Safran hält, erweist sich in Wahrheit als eine gelbe Blume, die man Studentenblume – lateinisch *Tagetes* – nennt.

Es stellte sich weiter heraus, dass *Tagetes* auch deshalb manchmal Safran genannt wird, weil bereits die alten Römer die getrockneten Kronblätter einer Studentenblume zu mahlen wussten, um so den echten und sehr kostbaren Safran zu fälschen.

Gerade dieser sogenannte »Safran« wird in Georgien seit Jahrhunderten bei der Vorbereitung von Nationalgerichten verwendet, und ich kann Ihnen versichern, niemand hat sie deswegen ungenießbar gefunden.

Mich aber haben Geschichte und Geschichten von Gewürzen und Gerichten so in ihren Bann gezogen, dass ich eines Tages merkte, wie die vielen Notizen, die ich mir im Laufe der Zeit gemacht hatte, nach dem Zusammenwachsen zu einem Buch verlangten.

Über diese Arbeit habe ich einiges Neue über meine Heimat erfahren. Indem ich sie aus der Ferne betrachtete, lernte ich einiges um-, aber auch aufzuwerten.

Die unter den russischen Emigranten nach der Oktoberrevolution gefragtesten Bücher seien »Das Geschenk für junge Hausfrauen« (ein russisches Küchen- und Rezepte-Buch) von Jelena Molochowez und die Schriftensammlung von Alexander Puschkin gewesen, erfuhr ich einmal von einer bekannten österreichischen Slawistin. Ich erinnere mich, wie skeptisch ich damals war. Zumindest die Reihenfolge hätte man umdrehen können, dachte ich mir. Schließlich waren es in ihrer Mehrheit hochkultivierte Leute, die damals vor den Bolschewiken ins Ausland flüchteten. Nein, es stellte sich heraus, auch die Reihenfolge entsprach exakt der Wirklichkeit. Erst das Kochbuch, dann Puschkin.

Heute wundere ich mich nicht mehr darüber. Die Speisen, ihre Zusammensetzung, Vorbereitungsmethoden, Präsentation sowie die mit ihnen verbundenen Rituale und Formen des Tafelns prägen den kulturellen Habitus einer Nation nicht weniger als die Poesie.

Die Koch- und Esskultur ist sogar am beständigsten. Andere Erscheinungen der materiellen Kultur (Kleidung, Wohnen usw.) lassen sich viel leichter verändern. Der modernen Kleidung nach sind Georgier von Deutschen, Amerikanern, Russen oder Polen schwer zu unterscheiden. Genauso gleichen sich die modernen Wohnungen einer georgischen und einer deutschen Familie. Vergleichen wir dagegen die nationalen Küchen, so fallen deutliche Unterschiede auf.

Die Globalisierung offenbart ihre aggressive Natur auch in diesem Bereich, z. B. in der Form von Coca-Cola, Pizza oder Sushi. Diese sind jedoch Elemente der globalen Massenkultur, die niemals das Wesen der nationalen Küche zu ersetzen vermögen. Die nationale Küche behält, trotz unzähliger Einflüsse, ihre Eigenständigkeit und ist darum das beste Mittel, Identität auszudrücken und weiterzugeben.

Die Küche eines Volkes ist, wie dessen Sprache, ein lebendiger Organismus, ein System. Sie lebt, erfährt Einflüsse, entlehnt manches und verwirft einiges. So gibt es in der georgischen Sprache, die weder zur indoeuropäischen noch zur semitischen noch zur Turk-Sprachen-Familie gehört, unzählige Wörter, die aus dem Griechischen, Persischen, Arabischen, Türkischen, Russischen oder Deutschen übernommen worden sind. Manche von ihnen haben sich so gut in die neue Umgebung »eingelebt«, dass sie ihre »Fremdheit« in der neuen Komposition völlig eingebüßt haben, manche dagegen konnten sich nicht anpassen und mussten irgendwann aus der entlehnenden Sprache wieder verschwinden.

Genauso die Küche. Die georgische Küche, wie auch andere Bereiche der materiellen und geistigen Kultur – Wohnung, Kleidung oder Poesie –, standen genau so und zur gleichen Zeit unter persischem oder griechischem Einfluss, wie die georgische Sprache.

Zur Beschreibung und zur Schaffung der Realität benutzt die Sprache die Worte, die sie besitzt. Auch die Küche spiegelt und schafft Wirklichkeit mit Mitteln, die ihr zur Verfügung stehen. Den vor Ort erhältlichen Produkten fügt sie die

Tagetes

importierten (z. B. Gewürze) hinzu, die sie sich derart anpasst und maßschneidert, dass diese einen neuen Sinn entsprechend dem Geschmack des Importeurs erhalten.

Vielleicht hat dieser Aspekt für mich eine besondere Bedeutung gewonnen, weil ich im Exil lebe. Im Ausland entwickelt man eine starke Empfindlichkeit für die eigene Identität. Der Zugehörigkeitssinn zu einem bestimmten Kulturraum intensiviert sich. Dabei betrachtet man die eigene Kultur – darunter auch die nationale Küche und Esskultur – von der Seite, mit Abstand und mit neuer Einstellung.

Die georgische Küche benötigt kein übertriebenes Lob. Sie genügt praktisch allen Anforderungen einer guten Küche: Sie ist lecker, vielfältig und gesund. Zudem werden die Gerichte in feiner Form präsentiert. Alle, die eine georgische Tafel einmal erlebt haben, kennen dies ohnehin.

Mir geht es aber auch darum, die historischen Prozesse zu überblicken, die die georgische Küche mitgestaltet und ihr schließlich die heutige Form verliehen haben, sowie die Einflüsse, die auf Georgien als untrennbaren Teil Vorderasiens gewirkt haben, also die fremden Spuren in der georgischen Küche aufzudecken. So lässt sich auch das, was georgisch ist, was den Einflüssen »begegnete«, besser erfassen.

Wenn ein so kleines Land wie Georgien auf der Schnittstelle großer Handelswege liegt, dann bringt dies neben vielen Problemen auch viele Vorteile mit sich. Die Probleme werden von den großen Staaten geschaffen, die die Kontrolle über das strategisch attraktive Territorium anstreben. Die Vorteile ergeben sich dagegen aus der Möglichkeit, allerlei neue Güter kennenzulernen und aufzunehmen. Die Güter können in Form neuer Produkte, Errungenschaften, Kenntnisse, Ideen und schöpferischer Stimuli erworben werden. Wenn diese Güter angenommen werden, dann trägt dies zur Entwicklung des Landes und zu seiner Eingliederung in die internationale Gemeinschaft bei.

☆

In Georgien gibt es nicht viele Bücher zur Geschichte der Kochkunst. Was die zahlreichen Untersuchungen ausländischer Autoren zum Thema betrifft, so findet man hier äußerst selten Angaben zu Georgien. Ich habe mich jedesmal riesig gefreut, wenn ich hie und da ein paar Zeilen fand.

Im Unterschied zu den Sumerern und den alten Ägyptern haben die alten Georgier keine Rezepte hinterlassen. Dafür geben die einzigartigen Beispiele materieller Kultur, die durch archäologische Ausgrabungen gewonnen worden sind, Aufschluss über die Ernährungspraktiken im antiken Georgien.

Ich hoffe, Sie werden nach der Lektüre dieses Buches ein neues Land für sich entdeckt haben und bedauern, bisher so karg über die georgische Geschichte und Kultur – besonders über die wunderbare Offenbarung der georgischen Küche – informiert worden zu sein.

Woher kommen die Menschen?

Sie wollen wissen, woher die Menschen kommen?«, fragt der Anthropologe Richard Wrangham, Professor an der Harvard University: »Sie kommen aus der Küche!« Wrangham ist sich ziemlich sicher, dass unsere entferntesten Vorfahren nicht durch die Art und Weise, wie sie sich Nahrung beschafften, sondern durch den Versuch, sie in gekochter Form zu essen, zu Menschen geworden sind. Gekochte Nahrung hat gegenüber roher eine ganze Reihe von Vorteilen, deren bedeutsamster darin besteht, dass ihr Verzehr sehr viel mehr Energie zur Verfügung stellt. Wrangham zufolge wurde diese zusätzliche Energie auf die Entwicklung unserer Gehirne verwendet. Daneben hat gekochte Nahrung auch unsere Anatomie verändert: Sie hat unseren Verdauungstrakt und unsere Zähne kleiner werden lassen. Sie hat unsere Vorfahren auch gegen giftige Substanzen und Bakterien geschützt und ihnen geholfen, zu überleben und sich stärker zu vermehren.[1]

Wenn ich von »gekochter Nahrung« spreche, meine ich Nahrung, die auf die primitivste Weise erhitzt – also gebraten oder vielmehr verkohlt – wurde. Aber wenn wir die Tatsache in Rechnung stellen, dass *natürlich* (in unserem Fall: *roh*) der Gegenbegriff von *kulturell* (also durch menschliche Aktivität hervorgebracht oder verarbeitet, in unserem Fall *gekocht*) ist, dann können wir annehmen, dass die ersten »Köche« bereits zu einem gewissen Grad Kulturwesen waren, da sie zur »Verarbeitung« ihrer Nahrung übergegangen waren.

Detail der Kirche der Heiligen Nino im Frauenkloster Samtawro in Mzcheta.

Unter allen Lebewesen auf unserem Planeten sind Menschen die einzige Spezies, die fähig ist, ihre Nahrung anzubauen und zu kochen. Letztere Aktivität war der Beginn ihrer Menschwerdung, indem sie ihnen die Gelegenheit verschaffte, ihre ästhetischen Fähigkeiten ins Spiel zu bringen. Diese Fähigkeiten wurden im Lauf der Zeit weiterentwickelt: Zuerst erfordert das Kochen spezielle, praktische Behältnisse; später mussten diese Behältnisse auch schön sein; in der Folge regten diese schönen und praktischen Behältnisse die Menschen dazu an, sie in schönen und praktischen Wohnräumen aufzubewahren, und so ging es weiter. Selbstverständlich dauerte das alles etliche hunderttausend Jahre.

Es ist wirklich staunenswert, wie die ursprüngliche kreative Aktivität der Menschen – das Kochen – entwickelt, verbessert und verbreitet wurde und für manche Menschen sogar den Status eines nationalen Symbols erlangen konnte.

Richard Wrangham zufolge hat der *Homo erectus* vor etwa 1,9 Millionen Jahren begonnen, Nahrung zu verarbeiten. *Homo erectus*, so informierte Josh Fischman auf den Seiten des National Geographic im September 2005 die Welt, habe vor 1,8 Millionen Jahren Afrika verlassen und sich in Georgien angesiedelt.

Rekonstruktion einer Küche aus Uruk, Mesopotamien.
Viertes Jahrtausend v. Chr.

Knochen. Tamara Kwesitadse.

Einige Monate zuvor schrieb John Nobel Wilford in der *New York Times* vom 7. April:

»Das archäologische Material, das von einem internationalen Team von Wissenschaftlern in Dmanissi (einer mittelalterlichen Stadt in der Nähe der Hauptstadt Georgiens) ausgegraben wurde, hat sich als sensationell erwiesen. Die Gesichtsknochen und Skelette, die an der Ausgrabungsstätte gefunden wurden, sind ein eindeutiger Beweis, dass unsere unmittelbaren Vorfahren außerhalb von Afrika gelebt haben. Die Fossilienfunde lassen sich als Überreste des *Homo erectus* identifizieren, des Vorgängers des *Homo sapiens.*«

Im September 2007 erschien in *swissinfo* unter der Überschrift *Erste Europäer: Aufrechter Gang, kleines Gehirn* ein Artikel, in dem der Schweizer Wissenschaftler Christoph Zollikofer mit den Worten zitiert wird, die Funde in Dmanissi im Osten Georgiens seien einmalig, da man nicht nur einen einzelnen Knochen oder ein Skelett, sondern eine ganze Population gefunden habe.

Die Hominiden seien mit einer Körpergröße von etwa 150 Zentimetern recht klein gewesen, hätten aber bereits die gleichen Körperproportionen gehabt wie der moderne Mensch, insofern ihre Beine erheblich länger gewesen seien als ihre Arme, was ihnen erlaubt habe, weite Strecken gehend, laufend oder rennend zurückzulegen.

Wissenschaftler gaben ihnen den Namen *Homo georgicus*. An derselben Ausgrabungsstätte wurden primitive Werkzeuge und die Knochen eines Straußes, eines Elefanten, einer Antilope und einer Giraffe aus der Steinzeit gefunden. Die Fachwelt ist sich einig darin, dass dies die älteste Gemeinschaft von Jägern und Sammlern ist, die außerhalb von Afrika gefunden wurde. Die Entdeckung sorgte für enorme Aufregung, in der Presse wurde viel über die »ersten Europäer« geschrieben und es gab viele Konferenzen, die sich dem Thema der »Europäer aus dem Kaukasus« widmeten. Dennoch blieben viele skeptisch; wer noch nie von Georgien gehört hatte, konnte nicht glauben, dass die Wiege Europas in diesem unbekannten Land gestanden haben könnte. Doch die modernen naturwissenschaftlichen Methoden der Altersbestimmung lassen keinen anderen Schluss zu. Und so kam der Tag, an dem das erste europäische (oder richtiger: eurasische) Paar »getauft« wurde: Sie erhielten die georgischen Vornamen *Seswa* und *Msia*.

Tonkrug. Berikldeebi, Georgien.
Zweite Hälfte des dritten Jahrtausends v. Chr.

Daher dürfen wir, wenn wir Wranghams Spekulationen folgen, annehmen, dass die ersten »Köche« außerhalb von Afrika Seswa und Msia waren. Wrangham hebt einen schwachen Punkt seiner Theorie hervor: Es gibt keine archäologischen Hinweise darauf, dass der *Homo erectus* den Gebrauch des Feuers kannte. Es klingt vielleicht unglaublich und kurios, aber dieses Thema führt uns wieder nach Georgien in seine Gebirgsregion im Kaukasus zurück. Denn spricht man von Feuer, fällt einem als Erstes der Mythos von Prometheus ein, der von Zeus dafür bestraft wurde, weil er das Feuer den Göttern gestohlen hatte, um es den Menschen zu geben. Zeus kettete ihn an den Kaukasus. In der georgischen Mythologie und Folklore kennt man den Helden-Titan Prometheus als den *Angeketteten Amiran.*

Die alten Griechen erzählten die Geschichte vom sagenhaften Helden Jason, der zusammen mit den ihn begleitenden Argonauten in die Kolchis (im westlichen Teil des heutigen Georgien) reiste, auf der Suche nach dem Goldenen Vlies, das sich im Besitz des dortigen Königs Aietes befand. Das ist eine alte Geschichte, datiert aus der Zeit vor Homer, als der südliche Kaukasus noch das Ende der bekannten Welt darstellte. Einige Jahrhunderte später änderte sich das, und die Griechen begannen, mit den Ländern östlich des Schwarzen Meers Handel zu treiben. Griechische Kolonien wurden gegründet, und der griechische Einfluss nahm beträchtlich zu.

Bauern in Ushguli, Georgien.

Die neolithische Revolution

Während des Neolithikums (auch Jungsteinzeit genannt) geschah in dem Land zwischen Taurus- und Zagros-Gebirge etwas, das die Geschichte der Menschheit völlig verändern sollte: Hier nahm eine Lebensweise ihren Anfang, die bis heute vorherrscht. Einige Menschen zogen dem Jagen und Sammeln eine neue Art sich zu ernähren vor, die ihnen erlaubte, sesshaft zu werden. Ein namhafter Archäologe des zwanzigsten Jahrhunderts, V. Gordon Childe, hat diesen Vorgang als »Neolithische Revolution« bezeichnet. Die Menschen entwickelten damals Ackerbau und Viehzucht und bauten den ersten Weizen an. Der Weizen wiederum bot ihnen neue Lebensmöglichkeiten und »domestizierte« sie. Mit anderen Worten: Es war der Beginn eines Prozesses, den Claude Lévi-Strauss den »Übergang von Natur zu Kultur« nannte.[2]

Die wahren Gründe für den Beginn dieses historischen Prozesses werden bis heute von der Wissenschaft kontrovers diskutiert. Neue Technologien und archäologische Entdeckungen haben eine der schwierigsten Fragen der Menschheitsgeschichte noch dringlicher gestellt: Warum haben Menschen den Ackerbau der Jagd vorgezogen? Warum haben Jäger sich entschieden, Bauern zu werden?

Es ist kein Zufall, dass Menschen, die in verschiedenen Teilen der Welt lebten, etwa zur selben Zeit begannen, Land zu bebauen. Wodurch wurde diese radikale Veränderung angestoßen? War es der Beginn einer neuen klimatischen Periode, des Holozäns? Oder war es ein rapider Bevölkerungszuwachs? Geschah es aufgrund der Entwicklung des menschlichen Gehirns? Oder wurde es von religiösen Motiven inspiriert? War es vielleicht eine Form der Un-

Landwirtschaftliche Geräte.
Kwazchela, Achalziche, Georgien.
Erste Hälfte des dritten Jahrtausends v. Chr.

Konisches Trinkgefäß aus Ton mit einer Hahnenkamm-Ausbuchtung an einer Seite.
Berikldeebi, Kareli, Georgien. Zweite Hälfte des dritten Jahrtausends v. Chr.

Modell eines Ochsenkarrens.
Ton. Badaani, Tianeti, Georgien. Erste Hälfte des dritten Jahrtausends v. Chr.

Miniaturfiguren von Ochsen.
Ton. Berikldeebi, Schida Kartli, Georgien. Zweite Hälfte des dritten Jahrtausends v. Chr. (symbolische Darstellung).

Fragment einer Sichel. Knochen und Feuerstein.
Chramis Didi Gora, Kwemo Kartli, Georgien.
Sechstes Jahrtausend v. Chr.

Abdruck von Weichweizen auf einem Lehmziegel.
Aus den Ruinen einer Wohnstätte in Aruchlo, Georgien.
Neolithische Periode, sechstes Jahrtausend v. Chr.

gleichheit, die unter den Menschen entstand oder war es das Resultat all dieser Faktoren und vieler weiterer zusammengenommen?

Die Funde, die man in verschiedenen Siedlungen des Neolithikums gemacht hat, sind sehr unterschiedlich, was die Beantwortung der obigen Fragen noch schwieriger macht.

Eine andere interessante Frage ist, wie sich die Landwirtschaft in so großem Maßstab verbreiten und entwickeln konnte: Haben sich die Bauern ausgebreitet und dabei die Jäger und Sammler verdrängt oder ausgerottet? Oder haben sich manche Jäger und Sammler einfach dafür entschieden, es ihnen nachzutun und Bauern zu werden?

Die Theorie von den Bauern, die den Ackerbau von ihrer Heimat aus verbreitet haben, wird sowohl durch archäologische Funde als auch durch die Analyse linguistischer Daten gestützt.

Tom Standage zufolge »sprechen heute beinahe 90 Prozent der Weltbevölkerung eine Sprache, die einer von sieben Sprachfamilien angehört, die ihren Ursprung in zwei Ackerbau-Regionen hatten: dem Nahen Osten und China«.[3] Linguisten haben gezeigt, dass die georgische Sprache für sich steht: Sie gehört keiner dieser sieben Sprachfamilien an, sondern der kleinen Familie der »kartwelischen Sprachen«. Wenn wir der Logik von Standages Behauptung folgen, dürfen wir dann schließen, dass die Verbreitung des Ackerbaus in Georgien nicht von anderen Ländern ausging, sondern ein unabhängiges Ereignis auf dem Territorium des heutigen Georgien war?

»Die Domestizierung ermöglichte den Menschen ein weitergehendes Verständnis von Zeit … Der Ackerbau verlieh dem Kalender eine ganz neue Bedeutung … Die Entwicklung exakterer Verfahren zur Zeitmessung – und somit die Mathematik – war in gewisser Weise das Resultat der Domestizierung. Die praktische Genetik des gezielten Züchtens von Pflanzen und Tieren, um gewisse erbliche Eigenschaften zu verstärken, war ebenfalls ein Ableger der Domestizierung … Diese Errungenschaften, die sich im Laufe der Jahrtausende über ganze Kontinente hinweg verbreiteten, bleiben entscheidende Voraussetzungen für unsere Fähigkeit zu lernen, unsere Zukunft zu kontrollieren.«[4]

Diese veränderte Lebensweise brachte einen enormen Bevölkerungszuwachs mit sich, was davor aufgrund der nomadischen Lebensweise und anderen Faktoren praktisch unmöglich gewesen wäre. Unter diesen neuen Bedingungen begannen Menschen viel mehr zu produzieren, als zur Befriedigung

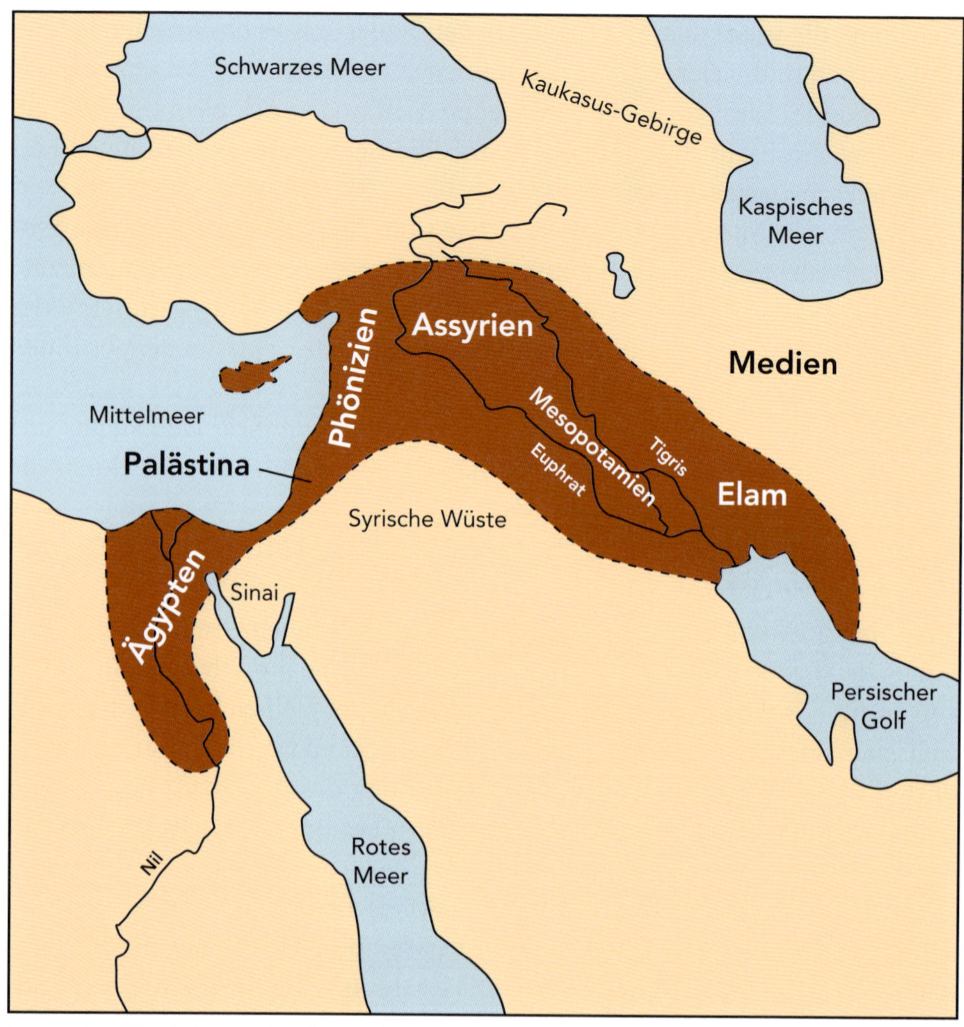

Karte des Fruchtbaren Halbmonds.

ihrer unmittelbaren Bedürfnisse erforderlich war. Das machte es notwendig, Nahrungsvorräte aufzubewahren; zugleich verbesserte sich die Ernährung und trug dazu bei, soziale Bindungen entstehen zu lassen, was wiederum die menschliche Entwicklung weiter vorantrieb.

Soweit wir wissen, lebten während des Neolithikums ungefähr drei Millionen Menschen auf unserem Planeten. Nicht zuletzt dank der Neolithischen Revolution kann die Erde heute eine Bevölkerung von sieben Milliarden Menschen ernähren. Es war ein Prozess, der sich über mehrere Jahrtausende erstreckte; er wurde nicht wegen seiner Plötzlichkeit »neolithische Revolution« getauft, sondern weil er die menschlichen Lebensverhältnisse revolutionierte. Wie gesagt, fand die Neolithische Revolution ungefähr zur selben Zeit in verschiedenen bewohnten Gebieten unabhängig voneinander statt. Die erste und einzige Region, in der Weizen angebaut wurde, war jedoch das Gebiet, dem der Historiker James Breasted 1914 den Namen »Fruchtbarer Halbmond« gab.

Diese Ereignisse fanden in Südost- und Zentralanatolien zwischen dem neunten und dem sechsten Jahrtausend v. Chr. statt. Aufgrund der neolithischen Expansion oder aus anderen Gründen hatte dieser Prozess im Kaukasus im sechsten Jahrtausend stattgefunden, insbesondere auf dem Gebiet des heutigen Georgiens.

»Der Kaukasus ist eine der Regionen der Alten Welt, die seit der fernsten Vergangenheit durchgehend besiedelt waren. Die archäologischen Entdeckungen der letzten Jahre haben ein neues Licht auf wichtige Themen der Vergangenheit der kaukasischen Menschen geworfen.«[5]

Die archäologischen Funde von der Ausgrabungsstätte *Aruchlo* bieten zusammen mit anderen wichtigen Daten die Möglichkeit, die landwirtschaftlichen Aktivitäten im Kaukasus der neolithischen Periode zu rekonstruieren. Etwa 90% der Haushalts- und Landwirtschaftsgeräte, die dort von Archäologen gefunden wurden, stammen aus der neolithischen Periode. Werkzeuge, die aus dem Vulkanglas Obsidian und den Hörnern verschiedener Tierarten hergestellt wurden, sehen den in Anatolien gefundenen Werkzeugen aus Obsidian und anderen Materialien sehr ähnlich. Die archäologischen Funde von Aruchlo umfassen Werkzeuge zum Pflügen, Nahrungsbehälter, Mahlsteine und andere landwirtschaftliche Utensilien, Gruben zur Lagerung von Weizen und außergewöhnliche Keramikgefäße.

> »Auf dem Aruchlo-Hügel [im heutigen Georgien] befand sich eine frühe, Ackerbau treibende Gemeinschaft der Schulaweri-Schomu in der Region Bolnissi. Er liegt nicht weit vom Dorf Nakiduri entfernt, dort, wo die Flüsse Kzia-Chrami und Maschawera zusammenfließen. Am Aruchlo-Hügel wurden runde Wohngebäude aus ungebrannten Lehmziegeln, besondere Löcher zur Aufbewahrung von Lebensmitteln und andere Gebäude ausgegraben, die alle aus dem sechsten bis

fünften Jahrtausend vor Christus stammen. Die Aruchlo-Siedlung war von einem Wehrgraben umgeben.

Unter den Fundstücken waren Nahrungsmittelbehälter, die aus einer Mischung aus Ton und Sand hergestellt waren, und einige landwirtschaftliche Werkzeuge aus Stein, Knochen und Horn.

Am selben Ort wurden auch Überreste von Behausungen aus Stein, Vorratslöcher und Gräber aus der klassischen Periode (zwischen dem sechsten und vierten Jahrhundert v. Chr.) gefunden, außerdem Steinfiguren und Ton-Siegel mit ringförmigen Einkerbungen, auf denen sich die Bilder eines Hirsches und eines Löwen befinden, die auch aus dieser Periode stammen.«

Niko Tschubinaschwili (georgischer Kunsthistoriker, 1908-1993)

Der Mehrheit der Wissenschaftler zufolge beweist die große Vielfalt der angebauten Nutzpflanzen, die man im Südkaukasus (besonders in Georgien) findet, dass die Region ein sehr altes Zentrum zur Kultivierung und Züchtung von Nutzpflanzen gewesen sein muss.

Ausgrabungen in Georgien bestätigen, dass es sogar zwischen dem sechsten und dem dritten Jahrtausend vor Christus eine große Vielfalt von Getreiden und Gemüsesorten gab. Im Tempel von *Zichia Gora* in *Kawtißchewi* sind neben sehr alten Weizenkörnern auch Körner des Syrischen Schuppenkopfs (*Cephalaria syriaca*) gefunden worden, eines natürlichen Konservierungsmittels. Das deutet darauf hin, dass die einheimischen Bäcker bereits recht gut wussten, wie man gebackenes Brot für längere Zeit lagert.

Dies und ein breites Spektrum an anderen Funden belegen, dass die kaukasischen Stämme gemeinsam mit den Völkern Kleinasiens aktiven Anteil an der Entwicklung einer der größten Errungenschaften der Menschheit hatten: der Landwirtschaft.

Nahrungssymbolik

Was geschehen ist, wird wieder geschehen,
was man getan hat, wird man wieder tun:
Es gibt nichts Neues unter der Sonne.
Prediger/Kohelet 1:9

Essen ist zunächst einmal eine schlichte, natürliche Aktivität. Deshalb halten es viele für Routine, eine Banalität, eine gewöhnliche Alltagsverrichtung. In manchen Gesellschaften galt es sogar als Unsitte, ernsthaft über Essen zu sprechen. Viel treffender finde ich die Ansicht George Bernard Shaws, dass »es keine aufrichtigere Liebe gibt als die zum Essen«.

Jahrhundertelang herrschte Gleichgültigkeit gegenüber der Geschichte der Nahrung und der Kochkunst unter den Fachleuten verschiedener Gebiete vor. Erst vor etwa dreißig Jahren begann der sogenannte »kulinarische Boom«, der viele herausragende interdisziplinäre Bücher hervorbrachte, geschrieben von Historikern, Anthropologen, Ethnographen, Geographen, Ökonomen, Philosophen, Psychologen und Linguisten.

Den Anfängen der Kochkunst nachzuspüren und die Entwicklung zu verfolgen, die sie genommen hat, könnte ein idealer Weg sein, bislang unbekannte historische Tatsachen und soziale Beziehungen zu entdecken. Er dürfte besonders für Kulturhistoriker aufschlussreich sein, denn Nahrung war immer verknüpft mit Festivitäten, religiösen Zeremonien, sozialem Status oder ethnischer Zugehörigkeit.

Die Menschen wollten durch das Opfern von Tieren oder Nahrungsmitteln ihre Loyalität gegenüber den Göttern zum Ausdruck bringen und so ihr

Wohlergehen sicherstellen. Daher nimmt Nahrung oft eine vermittelnde Position zwischen den Menschen und ihren Göttern ein. Opferrituale sind oft von besonderen Liedern und Gebeten begleitet.

Verschiedene Gerichte und Zubereitungsmethoden halten alte Traditionen aufrecht und geben sie an zukünftige Generationen weiter. Nahrung kann auch den sozialen Status in einem Gemeinwesen bestimmen. Die Menschen haben sich immer in Reiche und Arme unterteilt. Es ist Nahrung (ihre Qualität, Quantität und Zugänglichkeit), die ursprünglich die Grenzlinie zwischen ihnen zieht.

Die Einführung und Übernahme neuer Nahrungsmittel zeigen manchmal eine Veränderung im gesellschaftlichen Leben an, und oft sind sie sogar eine notwendige Bedingung solcher Veränderungen. Die Initiative des russischen Zaren Peter des Großen, gewaltsam eine europäische Lebensweise in Russland einzuführen (deren Kern neue Nahrungsmittel und Formen ihres Verzehrs waren), ist ein gutes Beispiel. Die russischen Adligen – die Bojaren – wurden verpflichtet, sich ihre Bärte abzurasieren und »unbequeme« europäische Kleidung zu tragen, auch den »widerwärtigen« Kaffee aus kleinen, eleganten Tassen zu trinken (manchmal mit Hilfe einer Peitsche). Dieses Ritual »verhalf« ihnen dazu, richtige Europäer zu werden.

Wie schon bemerkt, sind Nahrung und die mit ihr verbundenen Traditionen auch im Hinblick auf religiöse Rituale von großer Bedeutung. Die Beschränkungen, die in Fastenzeiten galten, verboten nicht nur den Verzehr bestimmter Produkte (wie Fleisch), sondern auch großer Mengen von Nahrungsmitteln: Je weniger Nahrung wir zu uns nehmen, desto besser tut es unseren Seelen!

Die Regel hat, wie viele andere dieser Art, eine tiefgehende Verwandlung erfahren. Zum Beispiel ist die Vielfalt köstlicher und sehr nahrhafter Fastenspeisen im heutigen Georgien erstaunlich, gar nicht zu reden vom »Fastengebäck«, was komisch klingt, wenn es um den Akt der »Reinigung unseres Körpers um des Seelenheils willen« geht. So hat die Fastenzeit ihren ursprünglichen Zweck teilweise verloren.

Die Nahrungsmittel, die für besondere religiöse Rituale zubereitet wurden, werden oft zu ihren Symbolen. Der Osterfladen, das Brot in Menschengestalt (*Bassila*), verschiedene Arten von Pilaw aus Reis (*Schilaplawi*) und süßem Porridge aus geschrotetem Weizen (*Korkoti*) sind gute Beispiele dafür.

Nahrung kann auch mit anderen Festivitäten und Feiern verbunden sein. Beispielsweise ist es in der westlichen Welt üblich, zu Hochzeiten Torten mit Figuren darauf zu backen, während Geburtstagstorten mit Kerzen und Inschriften geschmückt werden. In Georgien sind *Saziwi* (Truthahn in Walnusssauce) und *Gosinaqi* (kandierte Walnüsse in Honig) unverzichtbare Begleiter bei Neujahrsfeiern. Kurz gesagt, jede Nation der Welt kennt Nahrungsmittel, die zu Symbolen für bestimmte Rituale geworden sind. Die Wichtigkeit von Essen und Trinken für die Herstellung sozialer Beziehungen kann gar nicht überschätzt werden. Ein leerer Tisch erzeugt eine trockene, formelle Atmosphäre. Wenn daher eine freundliche, informelle Atmosphäre erwünscht wird, schaffen wir günstige Bedingungen mit Hilfe eines guten Mittag- oder

Darbringung von Speiseopfern, altes Ägypten.
Zwölfte Dynastie (1800 v. Chr.).

Silberschale aus Trialeti, Georgien.
Erste Hälfte des zweiten Jahrtausends v. Chr.

Tierförmige Weingefäße aus Ton, Tbilissi, Georgien.
Achtes bis Siebtes Jahrhundert v. Chr.

Abendessens. Es heißt, ein gutes »Festmahl« sei die beste Situation, um ernste Angelegenheiten zu besprechen.

Nahrung hat auch mit Macht zu tun. Zusammen mit der Begierde, Einfluss auf ein fremdes Land auszuüben, war sie immer ein Hauptgrund für ökonomische Expansion und bewaffnete Konflikte. Der Hauptzweck von Kolonialfeldzügen war, Einfluss auf fremde Länder auszuüben, und Kontrolle über ihre Nahrungsressourcen zu gewinnen. Ist die Geschichte der Menschheit nicht in Wahrheit ein ständiges Streben nach Essen und Trinken?

Kaukasus-Gebirge,
Georgien.

Der Kaukasus: Georgien

Die Georgier nennen ihre Heimat *Sakartwelo*. Ihre Staatssprache ist das Georgische, das zu den südkaukasischen oder »kartwelischen« Sprachen zählt. Ihr Vorläufer, die proto-georgische Sprache, begann vor etwa viertausend Jahren in vier miteinander verwandte Sprachen zu zerfallen: das Georgische, das Swanische, das Megrelische und das Lasische. Gegen Ende des zweiten und zu Beginn des ersten Jahrtausends v. Chr. entstanden die ersten georgischen Staaten – Kolchis und Iberien – auf dem Territorium des heutigen Georgiens.

> »Heute hat niemand mehr etwas gegen die Tatsache einzuwenden, dass die Kaukasusregion (obwohl vom Gebiet der Anthropogenese ausgeschlossen) intensiv und kontinuierlich ohne zeitliche Unterbrechung bevölkert war, und das seit dem Paläolithikum. Eine zusammenhängende Folge aller Stadien von der Steinzeit über die Metallzeiten lässt sich hier durch Funde verschiedener archäologischer Kulturen repräsentieren.«
>
> **Dawit Mußchelischwili**, georgischer Historiker

Georgien grenzt im Westen an das Schwarze Meer und im Nordosten an die kaukasische Gebirgskette. Seine Einwohnerzahl liegt bei 4,5 Millionen. Immer, wenn ich von Georgien erzähle, sind Ausländer erstaunt zu hören, dass es dort warm ist, dass dort günstige Bedingungen für den Anbau von Zitronen, Mandarinen und Tee herrschen und dass Wein – nicht etwa Wodka – unser

Tanz. Fotografie eines Gemäldes von Grigori Gagarin (1810-1893).

Nationalgetränk ist. Dieses Erstaunen ergibt sich aus den alten Klischees über Georgien, die es mit dem (kalten) Russland in Verbindung bringen.

Kleine Länder und Nationen haben Schicksale, die sich deutlich von denen der großen unterscheiden. Sie stehen in aller Regel unter dem Einfluss von großen Ländern. Dabei träumen sie ständig von einem unabhängigen Leben, das sie aber nur selten führen können. Sie versuchen sich der gegenwärtigen Lage anzupassen und einige sie unterscheidende Merkmale zu entwickeln oder ausfindig zu machen, die sie besonders und bemerkenswert für andere machen. Sie müssen sich für die Anerkennung ihrer Identität mehr anstrengen als große Länder und Nationen, die ihre Identität nicht erst beweisen müssen, da sie ohnehin jeder kennt. Georgien gehört zu diesen kleinen Ländern, und sein Schicksal unterscheidet sich nicht viel von den anderen: ein ständiger Kampf ums Überleben, um die Erhaltung der Individualität und ein unablässiges Bemühen, dem Rest der Welt zu erklären: »Hier, es gibt mich!« Georgien

Batumi, Adscharien, Georgien. Ende des neunzehnten Jahrhunderts.

ist ein Land mit einer sehr alten Kultur, ein Land, das viele Kriege erlebt hat, ein Land, das sich im Kampf und durch Rivalität mit anderen Kulturen entwickelt und seine Kultur verfeinert hat. Das Christentum, das im vierten Jahrhundert (um 327 n. Chr.) als Staatsreligion angenommen wurde, hatte einen immensen Einfluss auf die Bildung der georgischen Kultur.

Georgien liegt im äußersten Norden der subtropischen Klimazone, dort, wo sie in die gemäßigte Zone übergeht und eine einzigartige klimatische Vielfalt entstehen lässt. In diesem kleinen Land koexistieren die verschiedensten klimatischen Bedingungen: das feuchte, subtropische, das mäßig feuchte, das mäßig trockene und das trockene kontinentale Klima. Diese unglaubliche Vielfalt ist durch die Barrieren bedingt, die die Natur selbst geschaffen hat: der hohe Kaukasus auf der einen Seite, das Schwarze Meer auf der anderen. Georgien liegt an der Verbindungsstelle von Asien und Europa, wo die östliche und die westliche Zivilisation aufeinandertreffen und wo wir die ältesten Straßen finden, die den Osten mit dem Westen und den Norden mit dem

Uschguli in Swanetien, Georgien.

Süden verbinden. Im Lauf seiner langen Geschichte war das Land mehrfach Teil von großen Reichen. Aufgrund seiner Lage an der geographischen Peripherie konnte sich eine einzigartige Atmosphäre entwickeln, die kaum entstanden wäre, wenn sich Georgien näher an Zentren großer Mächte befunden hätte. Die Bedingungen waren hier immer recht liberal, und das hat alle Sphären des sozialen und kulturellen Lebens beeinflusst.

Trotz des ständigen ausländischen Einflusses war die vergleichsweise größere Freiheit günstig für die Entwicklung kreativer Fähigkeiten. Eine solche Atmosphäre spielte gemeinsam mit anderen Faktoren eine wichtige Rolle bei der Entstehung und Verfeinerung der georgischen Küche.

Die enorme geographische Vielfalt, die Georgien trotz seiner geringen Größe aufweist, zeigt sich natürlich auch in den Eigenheiten und im Temperament der Einheimischen. In dieser Hinsicht unterscheiden sich die Bewohner der verschiedenen Regionen stark voneinander, aber sie haben doch bei aller Verschiedenheit eines gemeinsam: ihre außergewöhnliche Gastfreundschaft. Dieses kulturelle Phänomen ist von vielen hervorgehoben worden, die den Kaukasus und insbesondere Georgien bereist haben.

Gastfreundschaft

Was du verschenkst, hast du gewonnen,
Was du versteckst, hast du verloren.
Schota Rustaweli

Einer der populärsten Mythen, den man sich in Georgien erzählt, bezieht sich auf die Zeit, als Gott den Völkern der Welt Land zugeteilt hat. Die Georgier erschienen sehr spät, als Gott diese Aufgabe bereits vollbracht hatte, und kein unbesiedeltes Land mehr übrig war. Als Gott sie für ihre Nachlässigkeit tadelte, antworteten die Georgier, sie hätten Gäste gehabt und ihre Zeit damit zugebracht, zu feiern und Gott mit überschwänglichen Trinksprüchen zu danken. Gott war erfreut darüber und belohnte sie mit dem letzten übriggebliebenen Fleckchen Erde. »Ich werde euch den Platz geben, den ich mir selbst vorbehalten hatte«, sagte er. So kam es, dass die Georgier im Paradies leben.

Es gibt mindestens drei Aspekte dieses Mythos, die von großer Bedeutung sind: Erstens halten die Georgier ihre Heimat für das Paradies; zweitens ist den Georgiern, wenn sie Gäste haben, alles andere gleichgültig, weil sie sich ganz ihrer Bewirtung widmen; und drittens bedeutet Feiern in Georgien, dass man große Mengen isst und trinkt und dabei Trinksprüche ausbringt – ein recht langes Ritual, das weder unterbrochen noch verkürzt werden kann.

Diese drei Aspekte gilt es zu berücksichtigen, wenn man sich mit der georgischen Kultur der Küche und des Feierns befasst. »Ein Gast ist von Gott gesandt«, sagen die Georgier, und ein gottgesandter Gast sollte als göttlich behandelt werden. Diese Überzeugung hat tiefe Wurzeln. Nach dem Matthäus-

Evangelium wendet sich Jesus mit den Worten an die zu seiner Rechten: »Kommt her, die ihr von meinem Vater gesegnet seid, nehmt das Reich in Besitz, das seit der Erschaffung der Welt für euch bestimmt ist. Denn ich war hungrig und ihr habt mir zu essen gegeben; ich war durstig und ihr habt mir zu trinken gegeben; ich war fremd und obdachlos und ihr habt mich aufgenommen.« (Matthäus 25, 34-35) Und als sie ihn erstaunt fragen: »Herr, wann haben wir dich hungrig gesehen und dir zu essen gegeben, oder durstig und dir zu trinken gegeben?«, antwortet Jesus: »Amen, ich sage euch, was ihr für einen meiner geringsten Brüder getan habt, das habt ihr mir getan.« (Matthäus 25, 37-40)

Ein Gast ist für Georgier nicht nur jemand, den man eingeladen hat, sondern jeder, der an ihre Tür klopft; und wie sie einen Besucher behandeln, zeigt ihre Haltung gegenüber Gott. Das Sprichwort »Ein Gast ist von Gott gesandt« steht in direkter Verbindung mit der Geschichte im Alten Testament über die Witwe, die Elija, den Boten Gottes, bewirtet.

Gastfreundschaft ist Freude am Teilen. Wie der große georgische Dichter Schota Rustaweli sagte: »Was wir geben, macht uns reicher, was man für sich behält, ist verloren.« Die Freude und das Vergnügen des Teilens und Schenkens sind ein wesentlicher Zug des georgischen Charakters, der zu einer kulturellen Gewohnheit geworden ist, die ebenso viele archaische Elemente bewahrt hat wie die georgische Küche.

In ihrem Buch *The Rituals of Dinner* schreibt Margaret Visser: »So verwirrend uns das auf den ersten Blick erscheint, bedeuteten die Worte ›Gastgeber‹ und ›Gast‹ ursprünglich dasselbe. Sie leiten sich alle vom indoeuropäischen *ghostis*, ›Fremder‹ her. Das ist der Ursprung des Lateinischen *hostis*, was ›Fremder‹ und deshalb ›Feind‹ bedeutete; daher kommt das englische Wort *hostile* [›feindselig‹].« Der Autorin zufolge »haben die Gesetze der Gastfreundschaft vornehmlich mit Fremden zu tun – wie man mit ihrem Eintreten in unser Allerheiligstes umgeht, wie man sie vor unserer eigenen automatischen Reaktion schützt, die in Furcht und Ausschluss des Unbekannten besteht, wie man sie daran hindert, das anzugreifen und zu entweihen, was uns lieb und wert ist«.[6]

Ein georgischer Prinz, Wachuschti Bagrationi, sagte über seine Landsleute, sie seien unter anderem »das Volk, das Fremde und Besucher gern hat«. Wenn man über Gastfreundschaft und Gäste spricht, kommen einem unvermeidlich die pan-kaukasischen Traditionen der Gastfreundschaft in den Sinn, die in dem Poem *Der Gast und der Gastgeber* des berühmten georgischen Dichters Washa-Pschawela beschrieben werden:

»Brachte einen Gast nach Hause,
über uns ist Gottes Segen.«

Niemand bezweifelt die guten Absichten des Besuchers:

»Mein Gast, in Frieden sei gekommen.«

Selbst wenn der Gast ein Feind ist, wird er von seinem Gastgeber beschützt und mit herzlicher Gastfreundschaft behandelt:

»Heut ist er mein Gast, und schuldet
uns ein Meer von Blut er, dulden
wird ich's nicht, dass ich sie breche,
meine Treu zu ihm, das schwöre
ich bei Gott, der mich erschaffen.«[7]

Im georgischen Hochland, insbesondere in Tuschetien, steigt ein Reiter, der sich einem Dorf nähert, vom Pferd und setzt seinen Weg durch das Dorf zu Fuß fort, um nicht mit den bewaffneten Feinden in Verbindung gebracht zu werden, mit denen Georgien so reichlich Erfahrung machen musste. In Tuschetien gibt es sogar eine Tradition, die Gäste seiner Nachbarn einzuladen. Diese Tradition kommt gut im georgischen Volksgedicht *Mit einem Gast kommt die Sonne* zum Ausdruck. Die Willkommensworte sind verbunden mit Freude, Sieg und einem langen Leben, den drei wesentlichen Elementen georgischer Feste. Und ob Sie es glauben oder nicht, als Gast in Georgien macht man die Erfahrung, dass es doch so etwas gibt wie einen *Free Lunch*!

Wenn wir die Geschichte der Gastfreundschaft und ihrer Erscheinungsformen – Feiern – in verschiedenen Kulturen betrachten, werden wir viele interessante Dinge entdecken, die uns besonders am Herzen liegen. Die Iren haben eine außergewöhnliche Tradition der Gastlichkeit, die lange Zeit zu ihrem Nationalcharakter gehörte. Sie hatten sogar ein besonderes Gesetzbuch, das sich damit befasste. Einen Gast zuhause zu haben, war ein Privileg. Ein Gast konnte jederzeit kommen und bei der Familie wohnen, so lange er oder sie

Dorf Beghela, Gemeinde Gomezari, Tuschetien, Georgien.

wollte. Wohlstand bemaß sich in Irland daran, wie viel die Familie anderen gab, nicht daran, wie viel sie für sich behielt.

»Die Mesopotamier … machten keinen Hehl aus der Wichtigkeit, die sie dem Grundsatz beilegten, dass Nahrung Leben bringt … Sie teilten dieselbe Nahrung, um dasselbe Leben daraus zu erlangen – das ist die verborgene und grundlegende Bedeutung von Mahlzeiten.«[8]

Der Anthropologe Marcel Mauss (1872-1950) brachte einen hochinteressanten Gedanken über das Wesen des Teilens und eine seiner besonderen Erscheinungsformen vor, nämlich das Geben und Erhalten von Geschenken: Vor dem Austausch soll das Geschenk gewesen sein, und nicht umgekehrt. »Vormoderne Völker lebten nicht vom Tauschhandel, wie man früher angenommen hat, sondern durch Geschenke und Gegengeschenke. Was in unserer Kultur zum Handel wurde, wurde von diesen Menschen getätigt, indem sie anderen Geschenke brachten, die das mit Geschenken erwiderten. Gabe und Gegengabe waren nicht, wie wir uns vorstellen oder wünschen, dass es in unserer eigenen Kultur sein möge, freie und freiwillige Akte. Drei Verpflichtungen wurden immer eingegangen: Geben, Empfangen, eine Gegenleistung erbringen … Die Menschen ersetzten eine auf Geschenken beruhende Wirtschaft später durch Austausch auf der Grundlage von Verträgen, die im Vorhinein festsetzten, wie hoch der Preis für eine Ware sein würde.«[9]

William Slater schreibt: »Die gesellschaftliche Funktion von alkoholischen Getränken muss entdeckt worden sein, sobald sie erfunden und zum ersten Mal konsumiert worden sind. So konnte man an jedem Ort und in jeder Form mit dem Gelage beginnen.« Diese Freude am Feiern kommt in einem alten sumerischen Lied klar zum Ausdruck: »Unsere Leber ist glücklich, unser Herz voller Freude … dabei fühle ich mich wunderbar, ich fühle mich wunderbar!«[10]

Viele Wissenschaftler sind der Meinung, dass es eine uralte Menschheitstradition ist, enorme Mengen von Nahrungsmitteln auf einer Festtafel anzurichten: Es zeigt den Reichtum des Gastgebers an und soll Ausländer und Fremde beeindrucken, indem man ihnen demonstriert, über welche Mittel man verfügt. In der Geschichte der Menschheit gibt es viele Beispiele für ein solches hemmungsloses Schlemmen, die nichts mit dem Stillen von Hunger zu tun haben.

Das am weitesten zurückliegende und großartigste Bankett, das ich kenne, wurde von dem assyrischen König Aschurnasirpal II. (883-859 v. Chr.)

ausgerichtet, um die Fertigstellung des Umbaus der neuen Hauptstadt Nimrud zu feiern. Der König bewirtete 69.574 Gäste zehn Tage lang mit Speisen und Getränken: seine hochrangigen Beamten ebenso wie die Bevölkerung der

Der babylonische König Aššurnasirpal II.
Relief, Kalhu/Nimrud (Nordirak). Neuntes Jahrhundert v. Chr.

Menü des Festessens im Haus des georgischen Dichters Akaki Tzereteli, 1899

25
მკათათვე
1899 წ.

წვანილი

ჭურგიელი

სულგუნი

რაჭული ღორი ღომით

ა) კალმახი ცივად

ბ) ინდოური ჩადებული

გ) ცივი დედალი

დ) ბეჭი საწებლით

ე) ჩიხირთმა

შემწვარი:	ტკბილი:
ა) გოჭი შინდის ჩურჩით	ა) მაყვლის ფელამუში
ბ) ვარიები ისრიმ-მაყვლით	ბ) ნაყინვი
გ) სუკის მწვადები	გ) ხილი

სხოლიო: მოლხენა ქართული;
ღვინის სმა სურვილისამებრ — დაძალება აკრძალული.
უკულმართი „მრავალ ჟამიერ“ და სხვა მაგვარი — უარყოფილი.

დაბა საჩხერე.

Hauptstadt und eine ansehnliche Zahl von Personen aus den verbündeten und benachbarten Staaten sowie alle, die am Umbau der Stadt beteiligt waren.[11]

Eine Liste der Zutaten für dieses gewaltige Festmahl wurde in eine Stele eingraviert; ein kurzer Abschnitt mag veranschaulichen, um welche Mengen es dabei ging: »1000 mit Gerste gemästete Ochsen, 1000 junge Rinder und Schafe aus den Ställen, 14000 gewöhnliche Schafe (aus den Herden), die meiner Geliebten Ištar gehören, 200 Ochsen von den Herden, die meiner Geliebten Ištar gehören, 1000 fette Schafe, 1000 Lämmer, 500 Rehe, 500 Gazellen, 1000 große Vögel, 500 Gänse, 500 Stück Geflügel, 1000 *suki*-Vögel, 1000 *qaribe*-Vögel, 10000 Tauben, 10000 kleine Vögel, 10000 Fische, 10000 Heuschrecken (?), 10000 Eier … 10000 Brotlaibe.«[12] Es sind noch viele weitere Nahrungsmittel und Gerichte aufgelistet, und natürlich Bier und Wein.

Wie uns der griechische Historiker Xenophon überliefert hat, ließ der persische König Dareios I. 490 v. Chr. für die königlichen Bankette in seiner Residenzstadt Persepolis Hunderte von Nutztieren schlachten. Viele andere berühmte Feste und Bankette sind in die Geschichtsbücher eingegangen. Im Jahr 1575, als die Tudors in England regierten, veranstaltete Robert Dudley, der Favorit der Königin Elisabeth I., ein neunzehn Tage dauerndes Fest zu Ehren Ihrer Majestät. Während dieser Zeit wurden jeden Tag zehn Ochsen geschlachtet, neben einer großen Zahl von kleineren Tieren. Zwar ging der Oberstallmeister und Favorit Ihrer Majestät bankrott, aber er muss einen enormen Eindruck hinterlassen haben.

Zu Beginn des zwanzigsten Jahrhunderts, am 22. September 1900, wurde ein Bankett im Rahmen der Weltausstellung in Paris abgehalten, das als »Bankett des Jahrhunderts« bezeichnet wurde. Etwa 21000 Personen aus allen französischen Städten, Dörfern und Kolonien waren dazu eingeladen. Zwei große Zelte wurden am Jardin des Tuileries aufgestellt, jedes 1200 Meter lang. 4800 Kellner und Köche sorgten dafür, dass die tischtuchgeschmückten Tafeln nie leer wurden. Die Gastgeber des Banketts waren Präsident Émile Loubet, Senatoren und Präfekten. Etwa 250000 Teller, 55000 Gabeln, 55000 Löffel, 60000 Messer, 126000 Gläser und 8000 Meter Servietten wurden benutzt, und es wurde eine unglaubliche Vielfalt von köstlichen Speisen verzehrt, darunter 2000 Kilogramm Lachs, 2430 Fasane, 2500 Hühner, 10000 Pfirsiche, 1000 Kilogramm Trauben und 1200 Liter Mayonnaise. Dazu tranken die Gäste 50000 Flaschen Wein und 3000 Liter Kaffee.[13]

Supra – das Tischtuch

Die außergewöhnliche georgische Gastfreundschaft erfordert natürlich eine besondere Ausstattung. So beschreibt das georgische Wort *Supra*, das so viel wie »Feiern« oder »Ein Bankett abhalten« bedeutet, sowohl einen Ausstattungsgegenstand als auch ein kulturelles Phänomen. Ursprünglich bedeutete *Supra* (wie *Sofre* im Persischen und *Sufra* im Arabischen) »Tischtuch«, und wurde früher im Georgischen nur in diesem Sinne gebraucht. Im Lauf der Zeit hat es andere Bedeutungen angenommen, wie »Bankett«, »Party«, »Zeremonie«, »Leichenschmaus«, »Fest« und »Gäste haben« im Allgemeinen. Solche Feste bieten Genüsse für alle fünf Sinne: Man sieht schön angerichtete Speisen, riecht wunderbare Aromen, schmeckt und genießt das Essen und hört und spricht brillante Tischreden. Und man fühlt sich glücklich und unglaublich behaglich aufgrund der warmen, liebevollen Atmosphäre, die von all dem erzeugt wird.

Kommen wir auf die ursprüngliche Bedeutung von *Supra* zurück – »Tischtuch«. 2009 erregte die Nachricht von einem sensationellen archäologischen Fund weltweites Aufsehen: In der Dsudsuana-Höhle am Fuß des Kaukasus in Georgien wurden zu Garn verdrehte und zu Stoff verwobene, gefärbte Flachsfasern gefunden. Wissenschaftler nehmen an, dass prähistorische Jäger und Sammler Seile daraus gefertigt haben, die bei der Herstellung von Steinwerkzeugen Verwendung fanden und aus denen Körbe und Stoffe für Kleidungsstücke gewoben wurden. So fiel es unseren Vorfahren womöglich leichter, in der kargen Gebirgsregion zu überleben und von Ort zu Ort zu ziehen.

Diese Entdeckung war das Ergebnis einer äußerst sorgfältigen Untersuchung der Höhle durch georgische und ausländische Wissenschaftler. Diese Fasern sind mit 35000 Jahren die ältesten Überreste von Textilien, die auf der Welt gefunden wurden (die ältesten bis dahin gefundenen Fasern stammten aus Dolní Věstonice auf dem Gebiet der Tschechischen Republik).

Traditionelles georgisches blaues Tischtuch.

Am 11. September 2009 informierte Randolph Schmidt die Welt durch *Associated Press*: »Vor etwa 30.000 Jahren haben Höhlenmenschen, die im Kaukasus wohnten, Fasern gewoben und sogar gefärbt. Es sind die ältesten von Menschen hergestellten Fasern.«

»Die Fertigung von Fasern und Seilen ist eine sehr raffinierte menschliche Erfindung«, schreibt Ofer Bar-Yosef, Professor an der Fakultät für prähistorische Archäologie der Harvard University. »Man konnte sie zur Herstellung von Kleidung, Körben und anderen Gebrauchsgegenständen verwenden.«

Wie die Wissenschaftler feststellten, waren einige Fasern mit einheimischen Pflanzenextrakten gefärbt. Man fand eine ganze Palette verschiedener Farbtöne: gelb, rot, blau, violett, schwarz und grün.

Randolph Schmidt schreibt in seinem Artikel mit dem Titel *The first Tailors? Researchers find ancient fibers* (Associated Press), dass die gefärbten Fasern darauf hindeuten, dass die Bewohner der Region bunte Stoffe hergestellt haben.

Es scheint, als hätten die Nachfahren von Seswa und Msia, die in der Dsudsuana-Höhle lebten, ihr Leben farbenfroher gestalten wollen. Sie haben nicht nur Fasern geflochten und Stoffe gewebt, sondern sie auch bunt gefärbt. Es muss reichlich wilden Flachs und natürliche Farbstoffe in der Umgebung gegeben haben. Nach dieser Entdeckung verwundert es nicht mehr, dass die Georgier sich gerne gut kleiden!

Vielleicht sind hier auch die Ursprünge der Tradition des Flachsanbaus in Georgien zu finden. In der Antike wurde Flachs zusammen mit Produkten wie Metallen und Honig aus Westgeorgien exportiert, das die Griechen Kolchis nannten. Herodot (490-424 v. Chr.) zufolge war die Qualität des Flachses aus Georgien (Kolchis) so hoch wie die der ägyptischen Pflanzen, und fand Verwendung bei der Herstellung von Stoffen, Gegenständen des täglichen Gebrauchs und sogar Segeln.

Im alten Georgien wurde eines der beliebtesten Speiseöle aus Flachs gewonnen. Ein *Gelasi*, ein Stein mit einem Durchmesser von 1,5 bis 2 Metern, wurde benutzt, um das Öl aus den Flachssamen zu pressen.

Dreifaltigkeitskirche, Gergeti, Georgien

Eine Sammlung alter babylonischer Rezepte (YCB 4640), 1750 v. Chr.

Unser täglich Brot

Im *fruchtbaren Halbmond* schufen Tigris, Euphrat und Nil sehr günstige Bedingungen für die Landwirtschaft. Hier wurde das erste Bewässerungssystem gebaut. Neue Siedlungen ließen erste Stadtstaaten entstehen: Uri, Eridu, Larsa, Uruk (wo der Legende zufolge Gilgamesch regierte) und viele andere. Der Beitrag der Sumerer zu unserem Leben ist von unschätzbarem Wert: Man denke nur an die Erfindungen des Rades, des Pflugs und des Boots!

Es waren die Sumerer, die im vierten Jahrtausend vor Christus die erste Schrift erfanden und schließlich im folgenden Jahrtausend perfektionierten. Dank dieser Schrift, in Tontafeln eingeritzt, haben wir Genaueres über das Alltagsleben der Sumerer erfahren und kennen Begebenheiten aus der ersten Zivilisation. Einige dieser einzigartigen Tafeln werden in der Yale University in den USA unter der Bezeichnung *Yale Babylonian Collection* (YBC) aufbewahrt. Hunderttausende solcher Tafeln, die auf das dritte Jahrtausend vor Christus zurückgehen, geben uns Informationen über sumerische Gesetze, die Lebensweise, die Besteuerung und mehr. Drei Tafeln enthalten etwa vierzig Kochrezepte. Zum Glück sind diese Tafeln kürzlich entziffert worden. Sie enthalten Beschreibungen von etwa 200 Sorten Brot.

Die Sumerer vermischten Teig, der aus Mehl verschiedener Getreide hergestellt war, mit verschiedenen Zusätzen: Datteln, Pistazien, getrockneten Feigen, Rosinen, Äpfeln und Pflaumen. Sie fügten auch einige Gewürze wie Koriander und Knoblauch hinzu. Auf diese Weise backten sie Kuchen und ein Gewürzbrot, das im Akkadischen *Mersu* genannt wurde. In den Städten Mesopotamiens wurde sowohl gesäuertes wie ungesäuertes Brot gebacken.

Der Teig wurde (den entzifferten sumerischen Rezepten zufolge) mit Wasser, Milch, Bier oder sogar mit geklärter Butter vermischt. Manchmal wurden auch Eier zum Backen von Kuchen verwendet.[14]

> »Brot backen zählt zu den beinahe hypnotischen Tätigkeiten, wie ein Tanz, der zu einer uralten Zeremonie gehört. Es hinterlässt einen angefüllt mit einem der süßesten Düfte der Welt …«
>
> **M.F.K. Fisher**, amerikanische Ernährungshistorikerin.

Man nimmt an, dass das erste gesäuerte Brot von Ägyptern erfunden wurde, die es schon seit dem vierten Jahrtausend vor Christus gebacken hatten. Offenbar war zufällig etwas Teig in der Sonne durch Spontansäuerung fermentiert worden, und als die Ägypter ihn mit frischem Teig vermischten, erhielten sie nach dem Backen gesäuertes Brot. Die Georgier nennen einen solchen Sauerteig *Chaschi*, worauf wir später noch zurückkommen werden. Im Lauf der Zeit begannen Menschen in anderen Teilen der Welt, Bier für denselben Zweck zu verwenden. Das kann kaum überraschen, denn Brot war bei den Sumerern ebenso wie bei den Ägyptern das Hauptnahrungsmittel, während Bier ihr wichtigstes Getränk war.

Der Philosoph Athenaios aus der ägyptischen Stadt Naukratis legte im dritten Jahrhundert v. Chr. eine Liste mit 72 Sorten Brot an. Diese 72 Sorten gab es damals schon lange. Er lobte besonders die phönizischen, lydischen und kappadozischen Brote, deren Teig hergestellt wurde, indem man Mehl mit Milch mischte.

Anders als viele andere Nahrungsmittel ist Brot nie irgendwo verboten gewesen. Der Anbau von Weizen wurde von allen als edle Beschäftigung angesehen.

Eines der Rituale, die auf den sumerischen Tafeln beschrieben werden, sieht vor, den Teig geknetet in den Ofen zu legen, um Brotlaibe herzustellen, die den Göttern geopfert wurden. Die Bäckerinnen mussten dabei folgenden Spruch rezitieren: »O Nisaba! Göttin und Schutzheilige des Getreides! Heilige Fülle! Reichliche Zuteilung!«[15]

Das arabische Wort für Brot ist *Aysh*, was auch »Leben« bedeutet. Die alten Ägypter benutzten dasselbe Wort für »Nahrung« und »Gastfreundschaft«.

Das Letzte Abendmahl. Dschrutschi-Evangelien (Georgien). Zwölftes-dreizehntes Jahrhundert.

»Im Akkadischen war es die Beziehung zwischen den Worten selbst, die die festen Beziehungen zwischen Dingen aufzeigte: *akâlu* bedeutete ›essen‹ und *Akalu* ›Brot‹, als sollte ihre wesenhafte Verbundenheit zum Ausdruck gebracht werden.«[16]

Das hebräische Wort *Lehem* (Brot) wurde auch verwendet, um Nahrung im Allgemeinen zu bezeichnen. Erwähnenswert ist, dass der Name des Geburtsorts Jesu, Bethlehem, als »das Haus des Brots« übersetzt werden kann.

Das englische Wort *Lord* kommt vom Altenglischen *Hlaford*, was so viel wie »Bewahrer des Brots« bedeutet. Man vermutet auch, dass *Hlaf* und das russische Wort für Brot, *Chleb*, auf denselben Wortstamm zurückgehen. Das lateinische Wort für Brot ist *Panis*, woraus das Wort *Kumpan* (engl. *Companion*) abgeleitet ist, das jemanden bezeichnet, mit dem man das tägliche Brot teilt; und das georgische Wort für Freund, *Megobari*, bedeutet »einer, der aus demselben *Gobi* gegessen hat«, einer Schüssel, die das tägliche Brot enthielt.

Bäcker, antikes Ägypten.
Zwölfte Dynastie (2050-1800 v. Chr.).

Die griechischen Städte wetteiferten miteinander beim Brotbacken. So kommt es, dass ein Bäcker, Teanos, in den Werken von Aristophanes, Antiphanes und Plato erwähnt und für seine herausragende Handwerkskunst von den großen Philosophen und Schriftstellern hoch gelobt wird.[17] Später wurden griechische Bäcker auch in Rom berühmt. Die Griechen haben den ersten Ofen zum Brotbacken mit einer Tür erfunden. Die griechische Technik der Herstellung von diversem Gebäck war zu dieser Zeit auch sehr beliebt.

Im Jahr 168 v. Chr. wurde die erste Bäckergilde in Rom gegründet. Ihre Regeln sahen vor, dass die Kinder von Bäckern ebenfalls Bäcker werden mussten, selbst wenn sie sich an einem anderen Ort niederließen. Die Bäcker waren freie Bürger und genossen großen Respekt. Im ersten Jahrhundert sollen 258 Bäcker in Rom gelebt haben. Die Römer sollen außerdem Seidentücher zum Sieben des Mehls für das Brot verwendet haben, das zu bestimmten wichtigen Anlässen gebacken wurde.

Das älteste Brot in Europa wird auf 3530 v. Chr. datiert. Es wurde 1976 in Twann am Bielersee (Bienne) in der Schweiz gefunden. Man nimmt an, dass dieses Fladenbrot auf einem heißen Stein gebacken wurde, bedeckt von glühender Asche.

In diesem Zusammenhang ist auch Pompeji zu erwähnen, die römische Stadt, die 79 n. Chr. nach einem heftigen Ausbruch des Vesuvs unter Lava und Asche begraben wurde. Als die Stadt wieder ausgegraben wurde, fand man verblüffende Zeugnisse der letzten Augenblicke im Leben ihrer Bewohner: Die Katastrophe überraschte sie in verschiedensten Posen bei diversen Tätigkeiten, als wäre plötzlich die Zeit angehalten worden. Etwa fünfunddreißig große, liegende Öfen wurden ebenfalls gefunden. In einem von ihnen befanden sich 81 Brotlaibe. In Pompeji wurde das Brot in speziellen Bäckereien gebacken und verkauft, aber man hat auch Brotgeschäfte gefunden.

Die Franzosen sind dafür bekannt, dass sie Weißbrot lieben. Sie sind immer stolz darauf gewesen. Vielleicht ist das der Grund, warum sie eigene Regeln für Bäcker erlassen haben, die Mitglieder der Brotbäcker-Gilde sein und eine besondere amtliche Erlaubnis haben mussten. Wenn sie ihren Beruf aufgeben wollten, waren sie verpflichtet, die Polizei zu informieren. Auch die Qualität und das Gewicht der Brote wurden streng überwacht. Jeder Laib musste mit dem persönlichen Stempel des Bäckers versehen sein. Wer diese Regeln brach, wurde schwer bestraft: mit Geldbußen, mit Ausschluss aus der Bäckergilde oder sogar mit Gefängnis.

Probleme, die das Brot betrafen, haben in Frankreich häufig zu Aufruhr und Revolutionen geführt. Manche Autoren halten das Brotproblem (das durch eine Verteuerung von Salz verursacht wurde) sogar für einen der Gründe für die Französische Revolution. Im heutigen Frankreich wird das Weißbrot, das Baguette, noch immer geliebt. Früh am Morgen zum Bäcker zu gehen, um ein frisches Baguette zu kaufen, ist ein echtes Ritual. In der österreichischen Hauptstadt Wien war der Preis einer Mietwohnung direkt an den Brotpreis gebunden. Man kann endlos fortfahren mit Geschichten über das Brot!

Bäcker an einem Brotofen.
Griechenland. Fünftes Jahrhundert v. Chr.

Das georgische Brot

»Wachse hoch, oh Getreidespross!«
Georgisches Volksgedicht

Einer der großen Vertreter der georgischen Aufklärung, Jakob Gogebaschwili, stellt in seinen ethnographischen Essays fest, dass der Anbau von Weizen eine edle Beschäftigung sei. Er schreibt über Georgien und die Georgier:

»Die Georgier, die in der Region Kartlien leben, sind friedlicher als die Einwohner von Kachetien oder Imeretien, weil Kartlier Weizen anbauen. Pflügen und Säen sind die friedlichsten und edelsten Beschäftigungen. Es bedeutet, niemals seinen Nächsten zu betrügen.«[18]

Georgisches Brot hat eine lange und reiche Tradition. Es kann verschiedene Formen annehmen. Gewöhnlich wird es in einem *Tone* gebacken, einem zylindrischen Lehmofen. Es wird auch in liegenden Öfen gebacken, wogegen es in Westgeorgien auf einer *Kezi*, einer Lehmpfanne, gebacken wird. Auch die alte Methode, Weizenbrot, Käsebrot und Kuchen aus Maismehl auf erhitzten Steinen oder auf heißer Asche zu backen, ist in manchen Regionen beliebt.

»In alten Zeiten gab es Brot in vielerlei Gestalt: rund, halbmondförmig, lang und gerollt. Die Bauern backen es meist aus einer Mischung aus gemahlenem Weizen und Gerste. Die Hochlandbewohner essen meist knuspriges, ungesäuertes und ungesalzenes Brot, das in Asche gebacken wurde, und manche essen Brotrollen oder Brötchen, wie sie sie nennen, die auf einer Kezi gebacken wurden. In georgischen Dörfern wird Brot im Tone gebacken wie in alten Zeiten, aber in der Stadt finden überwiegend Brot-Öfen Verwendung, in

Brotbacken in einem Tone. Kachetien, Georgien.

denen orientalisches Fladenbrot gebacken wird. Der Adel bevorzugt auch das Fladenbrot, aber es sollte in einem Tone gebacken sein«.[19]

Im 19. Jahrhundert schreibt ein Bewohner von Tiflis, Karapet Grigorianz, über seine Stadt:

»Man fand keinen einzigen Hof, in dem nicht ein *Tone* stand. Er war unverzichtbar in jener Zeit, weil auf dem Basar kein Brot gebacken wurde. Selbst wenn man es getan hätte, hätte sich jede angesehene Familie geschämt, Brot zu kaufen, das jemand anderes gebacken hat. Es gab überhaupt keine Bäcker. Öfen zum Brotbacken waren selten. Sie waren nur in manchen Gebieten wie Awlabar, Riqe und ein paar kleinen Vorstadtsiedlungen zu finden, wo Karren und andere Fahrzeuge Halt machten. Außer *Tones* gab es in jedem Hof kleine Obstgärten mit Jujuba-, Feigen- und Maulbeerbäumen.«[20]

Es gibt viele Traditionen, Brot zu backen und aufzubewahren. Manche von ihnen werden im ländlichen Georgien noch gepflegt. Ein prominenter georgischer Historiker, Iwane Dschawachischwili, hat allen Traditionen des Brotbackens sowie den traditionellen Formen und Gestalten des Brots eine eingehende Untersuchung gewidmet. In seinem Werk beschreibt er diese Traditionen in verschiedenen Teilen Georgiens gegen Ende des neunzehnten und zu Beginn des zwanzigsten Jahrhunderts.

In manchen Regionen muss die älteste Frau der Familie früh am Morgen den *Tone* anheizen. Das erste gebackene Brot wird in eine besonders arrangierte Nische gelegt, die dem Schutzengel der Familie gewidmet ist. Das Brot wird in einem hölzernen Kasten aufbewahrt, dem *Kidobani*.

»Mein Großvater pflegte zu sagen, dass unser *Kidobani* aus Maulbeerbaumholz gefertigt war, in dem sich das Brot länger hält ... In den langen Wintertagen in der Stadt träumten wir oft vom Brot der Dörfer mit seinem natürlichen Konservierungsmittel *Machobela*, das in einem *Kidobani* aufbewahrt wurde.«[21]

In Ostgeorgien wird *Chaschi* verwendet, um den Teig zu säuern. Dabei handelt es sich um ein Stück Teig, das in einem offenen Gefäß aus Ton so lange aufbewahrt wird, bis es sauer wird.

»Wenn *Chaschi* verdirbt, wird es wieder brauchbar gemacht, indem ein glühendes Stück Holz in den *Chaschi* gelegt und etwas Wein oder Essig hinzugefügt wird. Dann wird das Gefäß abgedeckt.«[22]

Der Teig wird folgendermaßen bereitet:

»Erst müssen wir das Mehl sieben, etwas Wasser darauf gießen und den Teig kneten. Dann fügen wir noch mehr Mehl hinzu und kneten den Teig noch einmal. Dann geben wir ein Stück Sauerteig zu dem neuen Teig und verkneten beides miteinander. Wenn sie sich miteinander verheiratet haben (der neue Teig und der Sauerteig), kneten wir den Brotteig.« (Ekaterine Gabaschwili-Chuzischwili, 85 Jahre alt, aus dem Dorf Tamarascheni im Jahr 1936).[23]

Wie bereits erwähnt, hat man Samen des natürlichen Konservierungsmittels Syrischer Schuppenkopf (Cephalaria syriaca; *Machobela* im Georgischen) zusammen mit weichen Weizenkörnern an der Ausgrabungsstättte von Aruchlo gefunden.

»Manches Brot ist aus reinem Weizen hergestellt, es ist weiß und sieht schön aus. Wenn es *Machobela* enthält, sieht es bräunlich aus; es ist grobkörnig und weniger attraktiv, aber es wird auch nach einer Woche oder länger nicht trocken.« (Melania Botkoweli, 80 Jahre alt, aus dem Dorf Iqalto im Jahr 1935)[24]

Es sollte eine ungerade Anzahl von Laiben gebacken werden. Der erste wird zuhause aufbewahrt. Auch den Nachbarn sollte ein Laib gegeben werden, solange er noch warm ist. Bevor das Brot genommen wird, soll ein besonderes Gebet gesprochen werden. Brot hat verschiedene Namen, je nach seiner Form und seiner Backtechnik: Mutters Brot, Halbmondbrot, ungesäuertes Brot, *Tone*-Brot, Fladenbrot (*Lawaschi*) und andere.

Es wäre nicht uninteressant, wenigstens einen kleinen Teil der etymologischen Reise nachzuzeichnen, die das Wort für Brot im Südkaukasus durchlaufen hat. Die proto-indoeuropäische Wurzel **puhr-* (»Weizen«) hat durch das griechische Wort *puros* (»Weizen, Triticum vulgare«) ins Georgische Eingang gefunden, woraus *puri* entstand, die Bezeichnung des modernen Georgischen für Brot. Belege für dieselbe Wurzel finden sich vom Baltikum bis Indien, wo beispielsweise das Hindi-Wort *pūrī* (»eine Sorte ungesäuertes Brot«) über *pūrikā* (»ein kleiner, in der Pfanne gebackener Weizenkuchen«) bis auf das Sanskrit-Wort *pūra* zurückverfolgt werden kann, das »gefüllt« bedeutet.

> »Die Nahrung der Brüder, Brot, die Frucht des Ofens, mit einem Gewicht von fünfhundert Drachmen, soll niemals fehlen.«
>
> **König Dawid IV. der Erbauer**
> (georgischer König, 1073-1125)

Viele Worte der georgischen Sprache sind vom Wort *puri* abgeleitet. Sulchan-Saba Orbeliani, ein großer georgischer Staatsmann und Lexikograph, gibt für einige von ihnen eine Begriffsbestimmung: *puradi* – »großzügig«, *puraddswiri* – »geizig«, *puroba* – »Feiern«, *purismte* – »der, mit dem man das Brot teilt«.

Tone gab es in Kleinasien schon seit Menschengedenken, wie archäologische Funde eindeutig bewiesen haben. Überreste von *Tones* sind in Aschur in Babylonien und im Südkaukasus gefunden worden. *Tone* wird im Sumerischen *Tinuru* genannt, im Hebräischen *Tannur*, im Persischen *Tanur*, im Arabischen *Tennur* und im Türkischen und im Aserbaidschanischen *Tandir*. Einen *Tone* zum Brotbacken zu verwenden, hat in den Ländern des Nahen und Mittleren Ostens eine lange Tradition. Im Iran und im Irak wird Brot noch immer auf die alte, traditionelle Weise gebacken.

»In Georgien ist *Tone* (oder *Torne*) mit klebrigen und zähflüssigen Getreiden verbunden. Georgien ist die älteste Heimat dieser Getreidesorten, dort sind viele Arten bis heute bewahrt worden, von denen sechs endemisch sind.«[25]

Die Tatsache, dass Brot seit Menschengedenken im *Tone* gebacken wurde, ist durch viele archäologische Funde und Dokumente belegt. Wir stoßen auf dieses Wort auch in altgeorgischen Handschriften, etwa in Übersetzungen des Neuen Testaments, wie in dieser Zeile aus einer Handschrift von 873: »Wie das Gras (Heu) des Tales heute noch steht, aber morgen in den *Tone* geworfen wird.«[26]

Gefüllte Brote und Brote zu rituellen Zwecken

In Georgien werden verschiedene Arten von gefülltem Brot gebacken, von denen *Chatschapuri* (Käsebrot) das beliebteste ist. Der Teig für gefülltes Brot kann hefig sein, geschichtet und blättrig, ungesäuert, mit *Mazoni* (einer Art saurem Joghurt aus Georgien), Eiern oder Butter vermischt. Auch die Füllung kann ganz unterschiedlich sein.

»Wenn wir eine Füllung ins Brot geben, nennen wir es gefülltes Brot; wenn nicht, ist es einfach Brot. Die Füllung wird vom Teig eingeschlossen. Wenn die Füllung aus geschmolzener Butter besteht, nennen wir es *Kada*; wir können den Teig auch mit Käse füllen und so ein Käsebrot bereiten, oder mit Speck ein ›fettes Brot‹; wir verwenden auch gestampfte grüne Bohnen als Füllung und backen ein ›Bohnenbrot‹; manchmal verwenden wir verschiedene Kräuter und backen auch ›Kräuterbrote.‹« (Nino Rechwiaschwili, 69 Jahre alt, aus dem Dorf Tschiora in der Region Ratscha 1935) [27]

Eine der Spezialitäten der Gebirgsregion Swanetien ist *Kubdari*, ein Brot, das mit gewürztem Hackfleisch gefüllt ist, meist vom Zicklein. In vielen anderen Regionen werden Gemüse und verschiedene Arten von Kräutern als Füllung verwendet. Die Füllung mit Gemüse und Kräutern erklärt sich nicht allein daraus, dass Georgien sehr reich daran ist; der Hauptgrund muss im langen Bestehen des orthodoxen Christentums mit seinen zahlreichen Fastenzeiten, darunter der Großen Fastenzeit, zu sehen sein, die insgesamt etwa ein halbes Jahr dauern. Die hauptsächliche Nahrung während der Großen Fastenzeit sind gefüllte Brote. Ihre Füllung besteht aus Zwiebeln, Kartoffeln, Estragon und verschiedenen anderen wilden Kräutern, die seit jeher als Nahrungsmittel in den Gebirgsregionen gesammelt worden sind.

Ritualbrote für die Verstorbenen. Swanetien, Georgien.

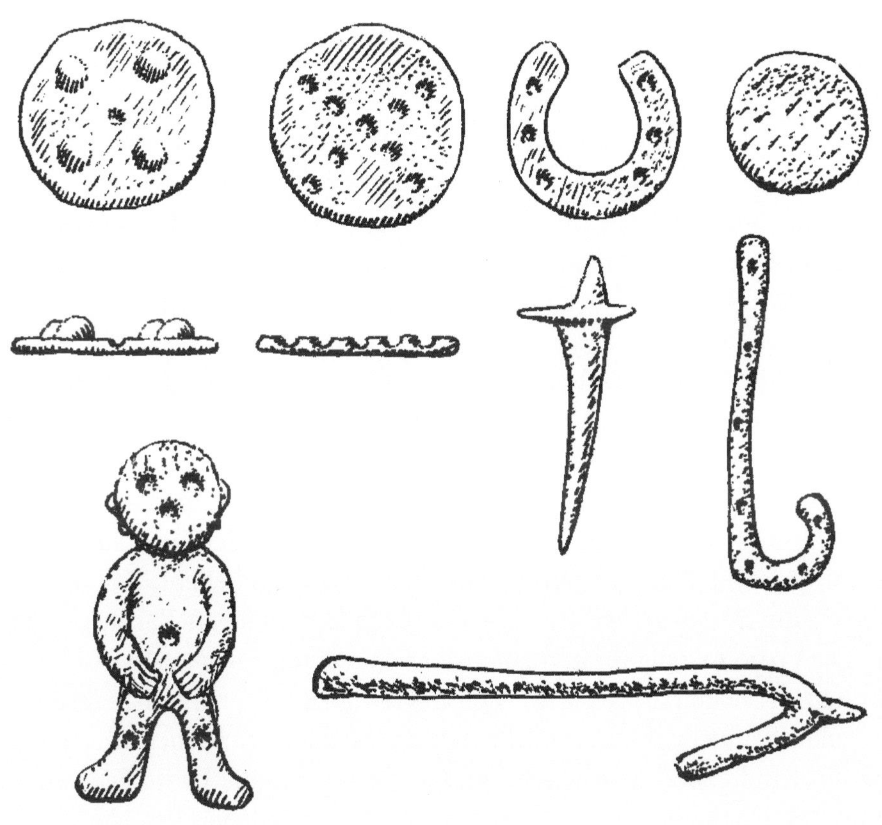

Ritualbrot.
Ethnographische Zeichnung.

Das Backen unterschiedlicher Arten von Brot steht meist mit christlichen Festen in Zusammenhang. Es gibt jedoch auch einige Brotarten, die heidnischen Ursprungs sind.

Es muss betont werden, dass in Georgien noch immer die Tradition besteht, Weizen nicht nur zum Backen von Brot und verschiedenem Gebäck, sondern auch als unabhängiges Nahrungsmittel zu verwenden. Die ältesten Weizengerichte sind Porridges verschiedener Art (zum Beispiel *Zandili* und *Kolio*). Gerichte, die aus gekochten Weizenkörnern zubereitet werden, belegen, dass die Weizenkultur eine sehr lange Tradition in Georgien hat.

»An Heiligabend kochte Großmama immer *Kolio*. Großpapa schöpfte den *Labdo* (die geronnene oberste Schicht) ab und strich sie auf die Pfosten des Balkons. Er brachte auch etwas davon in den Kuhstall, um die Ochsen zu füttern, und aß einen Teil selbst. Großmama goß den *Kolio* in eine große Schüssel und wir aßen ihn alle aus Großpapas Hand …«[28]

Kolio gewürzt mit Walnüssen, Rosinen und Honig ist immer noch ein unverzichtbares rituelles Gericht bei einem georgischen Leichenschmaus. Weizen-Porridges namens *Koliva, Kolivo,* und *Colivo* sind in anderen orthodox christlichen Ländern wie Griechenland, Bulgarien, Rumänien und Serbien bekannt. Es wird auch für den Leichenschmaus oder Seelensamstag (Psychosabbaton) gekocht. *Kolio* ist bei libanesischen Christen beliebt. Sie nennen es *Snuniye* oder *Berbara*, weil es am Gedenktag der Heiligen Barbara gekocht wird. Die orthodoxen Christen Japans bereiten einen *Kolio* aus Reis.

Brote zu rituellen Zwecken werden in Georgien, wie in allen anderen Ländern auch, hauptsächlich zu Weihnachten, Neujahr, für Hochzeitsbankette, wenn ein Kind geboren wurde, wenn Gott um eine gute Ernte gebeten wird und für den Leichenschmaus gebacken. Den verschiedenen Ritualen und Regionen entsprechend können die Brote gesäuert oder ungesäuert, gefüllt oder ungefüllt sein, verschiedene Größe und Gestalt haben.

Eine in Georgien beliebte Brotsorte ist *Kada*, das aus gesüßtem Teig, Zwiebeln und Butter zubereitet wird. Es wird meist für sonntägliche Kirchenrituale oder für den Leichenschmaus gebacken. In den Gebirgsregionen kann es verschiedene Formen annehmen, wird manchmal sogar mit Rosinen und Walnüssen verziert und reichhaltiger gemacht.

»Wir haben *Kadas* für die Fastnacht gebacken. Wir haben Zwiebeln in Fett oder Butter gebraten. Wenn sie fertig waren, haben wir sie mit dem Teig vermischt und ihn gesäuert. Wir haben etwas Mehl mit dem Fett und den Zwiebeln vermischt und sie gemeinsam eine Zeitlang gebraten. Wir strichen das auf den flachgedrückten Teig; dann umschlossen wir die Füllung mit einer weiteren Lage Teig und drückten sie flach. Wir strichen noch etwas Füllung auf den flachgedrückten Teig, umschlossen sie wieder und rollten ihn, so dass er die Form einer Schnur hatte. Wir wickelten die Schnur zu einer Spirale und backten sie auf einem vorgeheizten *Kezi*; der *Tone* war dazu nicht geeignet. Wir nannten das eine geschichtete *Kada*.« (Mariam Mtschedlischwili, 62 Jahre alt, aus dem Dorf Kakabeti, 1935)[29]

»*Nasuki* (süßes Brot mit Honig und Eiern) ist auch sehr beliebt. Es wird meist in einem *Tone* gebacken. Manchmal wird es mit Walnüssen reichhaltiger gemacht. Früher galt *Nasuki* als Speise der Reichen; die Armen konnten es sich nur zu wichtigen Anlässen leisten. Das Wort *Nasuk* ist persischen Ursprungs. In manchen Regionen Georgiens wird es »Honigbrot« genannt, in Saingilo wird es als Geschenk zur Verlobung eines Paares gebacken.«[30]

Eine andere Art von Honigbrot ist *Palustak*, hergestellt aus Honig, Mehl und Butter, bei dem aber eine andere Technik zur Anwendung kommt. Honigbrote wurden auch im antiken Griechenland gebacken. Die Sumerer süßten ihr Gebäck, indem sie es mit Datteln versetzten.

In der Region Gurien in Westgeorgien werden halbmondförmige Käsebrote zu Heiligabend gebacken. Die Käsefüllung dieser Brote wird mit hartgekochten Eiern vermischt. Diese Art Käsebrot ist besonders in Westgeorgien beliebt, auch wenn im ganzen Land halbmondförmige Laibe schlichten Brots gern gegessen werden. In Gurien wird für jedes Familienmitglied ein eigenes Käsebrot mit Eiern gebacken. Den Broten werden auch heilende Eigenschaften zugeschrieben, weshalb sie oft für schwangere Frauen oder für Menschen mit Magenleiden gebacken werden. Der Vorgang des Backens wird von einem besonderen Gebet begleitet.

Das erwähnte Brot mit zerstampften Bohnen wird in vielen Landesteilen Georgiens gebacken, aber es hat seinen Ursprung in der Gebirgsregion Ratscha. Es gibt sogar ein besonderes Schneidwerkzeug, mit dem man das Bild der Sonne in den Teig einritzt und die Ränder des Brots beschneidet. In Ratscha wird auch ein Brot namens *Ganatechi* gebacken, zu Weihnachten und am Gedenktag der Heiligen Barbara für die männlichen Familienmitglieder, oder um jemanden zu heilen. Es gibt eine große Vielfalt dieser sogenannten

»Glückslaibe«. In alten Zeiten wurden sie für eine bessere Ernte, ein glückliches Eheleben, Gesundheit, Wiedersehen im Neuen Jahr und zur Ehrung der Toten gebacken. Größe und Form dieser Laibe hing vom Zweck ab, dem sie dienen sollten.

»Zu Silvester backt die Hausfrau einen großen Glückslaib für die ganze Familie und kleinere für jedes ihrer einzelnen Mitglieder. Am Neujahrstag sehen sie sich die Laibe an. Die Person, deren Laib am höchsten aufgegangen ist, wird das ganze Jahr über glücklich sein. Jeder Familienlaib ist einem Tier, etwa einem Schaf, einer Kuh oder einer Biene nachgebildet. Je deutlicher das Tier erkennbar und je mehr es aufgegangen ist, umso mehr wird sich sein Bestand im kommenden Jahr erhöhen. Der erste Besucher bei der Familie lässt den Laib drei Mal über den Boden rollen. Rollt er gut, wird die Familie Glück haben; tut er es nicht, ist das ein schlechtes Zeichen. Die Familie bewirtet den ersten Besucher immer mit Honig und geschmolzener Butter.«[31]

Die Georgier haben zu Weihnachten und Neujahr *Bassilas* gebacken, der Gestalt eines Menschen nachgebildete Brotlaibe. *Bassilas* wurden zusammen mit anderen Glückslaiben auf ein spezielles Tablett gelegt, das *Abramiani*, um das neue Jahr willkommen zu heißen. Es gab eine Regel, nach der das Tablett um ein Uhr morgens vom Erstbesucher hereingetragen wurde. Das sollte der Familie Reichtum, Gesundheit, Gedeihen und Wohlergehen bringen. Manche ritzten die Sonne, den Mond, die Sterne, ein Hufeisen oder einen Nagel in die Menschengestalt ein. Eine Freundin von mir erinnerte sich, dass ihre Großmutter zu Silvester *Bassilas* gebacken hat, und die Kinder ihnen verschiedene Kosenamen gaben.

»Wir backen eine *Bassila* im *Tone* … Wir bringen sie zur Kirche und berühren sie nicht, bis der Tag der Segnung kommt … Dann wird sie auf das Horn eines Ochsen gesteckt. Der Ochse schüttelt seinen Kopf und wirft sie ab. Dann fällt sie auf den Boden, und wir können das Glück der Familie vorhersagen. Manche meinen, es sei gut, wenn sie mit der Oberseite nach unten liegt; andere sagen, es sei besser, wenn sie auf ihre Unterseite fällt. Aber wenn sie anders zu liegen kommt, ist das ein schlechtes Zeichen.« (Anana Menteschaschwili, 85 Jahre alt, 1935)[32]

In Griechenland, Osteuropa und den Balkanländern hat Basilikumbrot (*Vasilópita*) ebenfalls eine lange Tradition und wird zu Neujahr gebacken. Sein Name ist mit dem Gedenktag des Heiligen Basilius verbunden, der in diesen Ländern am ersten Januar gefeiert wird. Das Basilikumbrot, das bei den Serben *Tschesniza* und bei den Bulgaren *Pogatscha* genannt wird, hat nicht die Form eines Menschen wie das georgische *Bassila*. Es ist in aller Regel rund, mit einer Münze in der Mitte. Auf der griechischen Insel Kreta wird am 17. Januar, zum Tag des Hl. Antonius, ein Brot gebacken, das die Gestalt eines Menschen hat. Es wird in der Kirche des Hl. Antonius als Gabe zur Danksagung dargebracht. Die Frauen auf dieser Insel sind sehr geschickt darin, Brot in Form eines Menschen zu backen, es finden sogar jährliche Wettbewerbe statt, bei denen die besten ausgewählt werden.

Die Tradition des Backens von Weihnachtsbrot in Form eines Menschen ist in Deutschland und den deutschsprachigen Kantonen der Schweiz weit verbreitet. In England ist dieselbe Tradition mit dem Namen von Königin Elisabeth I. (1533-1603) verbunden. Sie wies ihre Köche an, menschenförmige Brotlaibe zu backen, die aussahen wie ihre Gäste und ihnen bei Tisch präsentiert wurden. In der georgischen Region Tuschetien wurden zum Fest für die Toten in der letzten Woche der Fastnachtszeit ähnliche Laibe in Gestalt kleiner Männer gebacken, die *Bazukakis*. Diese Figuren hatten ihre Arme in die Seiten gestemmt oder reckten einen Arm in die Höhe; sie trugen Gürtel um die Taille und Äpfel auf ihrem Kopf.

Wenn das Fest vorbei war, wurden die *Bazukakis* eingesammelt und ein Bogenschießwettbewerb unter der männlichen Dorfjungend veranstaltet, bei dem die Brote als Ziele dienten. Der Sieger bekam sämtliche *Bazukakis* als Preis. Manchmal wurde den Laiben die Form eines Hufeisens verliehen. »*Bazukakis* werden zu den Gedenktagen verschiedener Heiliger und zu den Festen für die Toten gebacken. Sie haben zwei Seiten und sind gesäuert.«[33] In Tuschetien wird eine andere Art von Brot für rituelle Zwecke gebacken: ein Käsebrot namens *kotori*.

Folgendes schreibt Washa-Pschawela über die Brote zu rituellen Zwecken (die mit einem Kreuz versehenen und andere), die anlässlich des Tags der Toten gebacken werden:

»In der zweiten Woche der Großen Fastenzeit, am Samstag, anlässlich des Tags der Toten, versammeln sich die Seelen der Verstorbenen und besuchen ihre Dörfer. Sie werden mit Bier, Fastenspeise und halbmond-, kreuz- oder hornförmigen Laiben willkommen geheißen. Diese Laibe dienen als Ziele beim Bogen- oder Gewehrschießen.«[34]

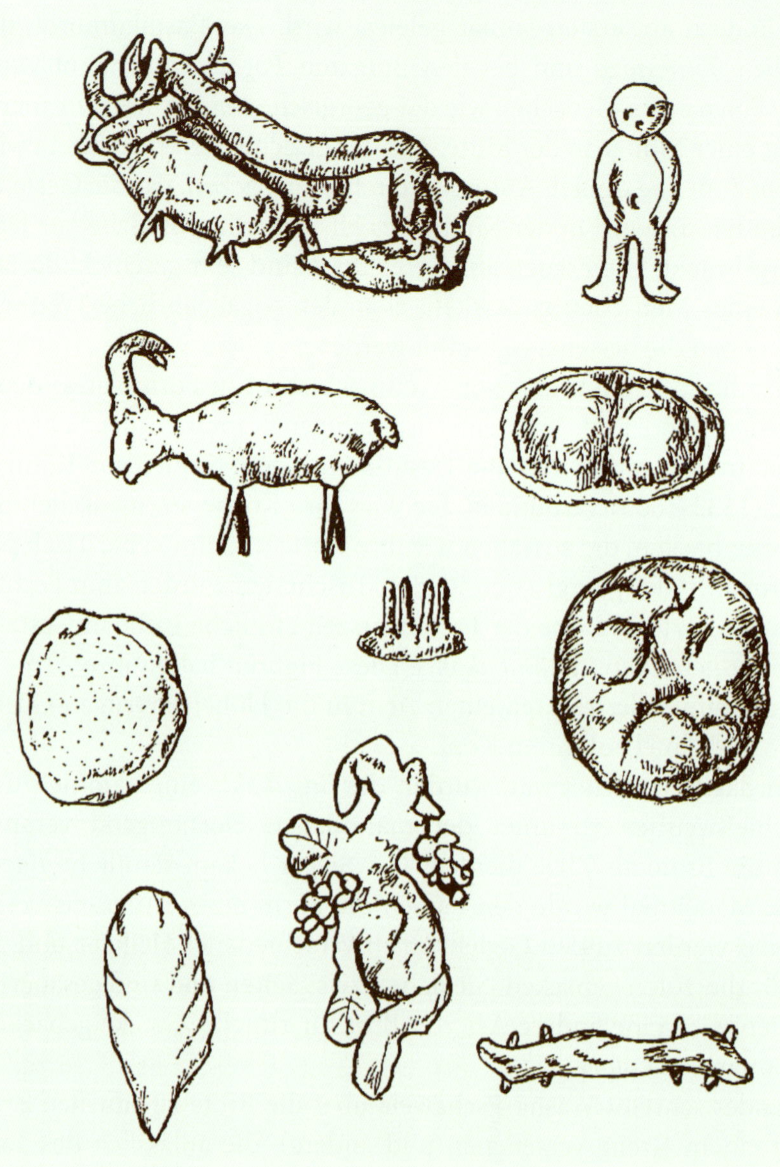

Ritualbrote. »Glückslaibe«.

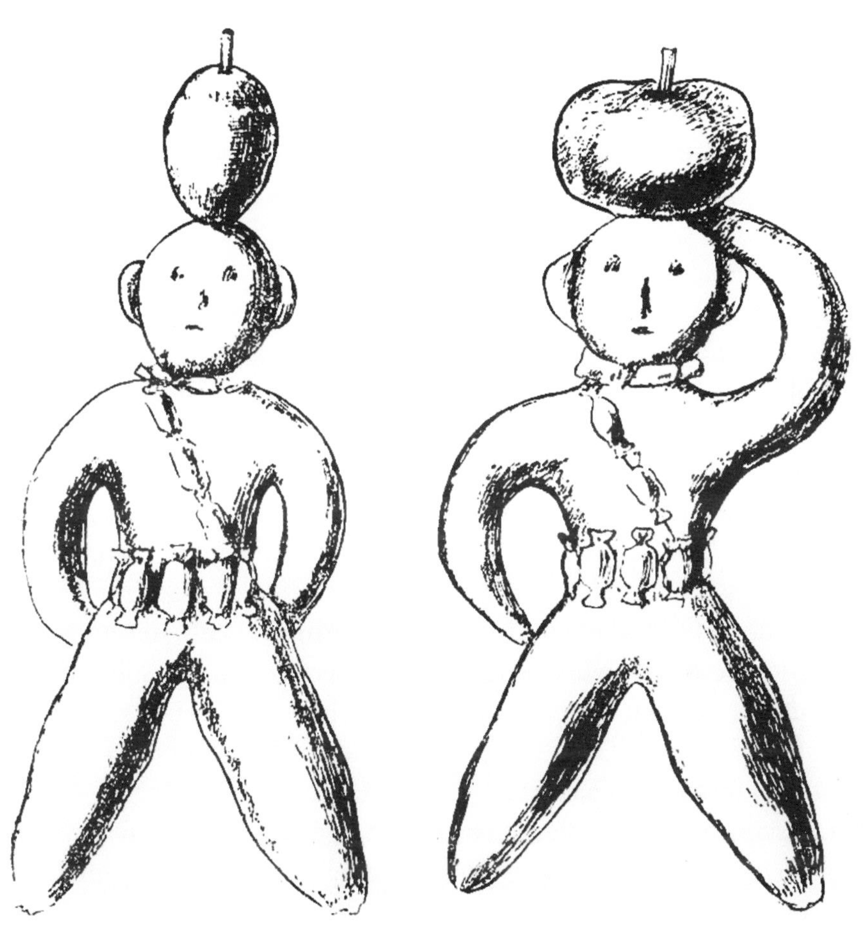

Bazukakis für den Tag der Toten.

Es gibt ähnliche Traditionen des Backens von anthropomorphem (nach dem Vorbild der menschlichen Gestalt geformten) Brot in Ecuador, Bolivien und besonders in Mexiko. Dieses Ritual findet zu Allerseelen am 2. November statt, einem Feiertag, der mit der Verbreitung des Katholizismus in der Neuen Welt verbunden ist. In Lateinamerika werden neben den menschenförmigen Laiben auch Brote in Form von Adlern, Hunden und anderer Tiere gebacken, um als Opfer dargebracht zu werden.

»In Tzintzuntzan gehen junge Knaben an Allerheiligen noch immer von Haus zu Haus, um Speise- und Trankgaben entgegenzunehmen. Dann bringen sie diese Spenden zum Friedhof, bereiten sie über einem offenen Feuer zu und verbringen dort die Nacht bei einem Fest.«[35]

Dieses Ritual erinnert an *Alilo*, den georgischen weihnachtlichen Chorgesang, bei dem ein Männerchor Weihnachtslieder singend durch das Dorf zieht, um Spenden zu sammeln, meist Brot, Früchte, Wein und Süßigkeiten.

»Heiligabend wurde das ›Korkoti Christi‹ genannt. An diesem Tag gingen Männer und Knaben im Dorf herum und klopften an jede Tür. Vor dem Haus sangen sie dann: ›Am 25. Dezember wurde Jesus Christus geboren./ Er brachte Weihnachten und Neujahr und einen frohen Tagesanbruch./ Hallelujah! Hallelujah!/ Wir stehen vor der Tür;/ Gott wird Sie segnen, wenn Sie uns geben, worum wir bitten!‹.«[36]

Unter den »Glückslaiben« ist ein kreuzförmiger Laib, der anlässlich von Hochzeiten gebacken wurde, besonders zu erwähnen. Er sollte dem frisch verheirateten Ehepaar Glück bringen. »Wir riefen die Frauen zusammen und baten sie, die Braut mit den Worten zu segnen: ›Mögest du dieses Brot nur zu Hochzeiten und Festen backen!‹« [37]

In Tuschetien gibt es den alten Brauch, ein sogenanntes *Onkel-Kreuz* als Gabe zu Hochzeiten mitzubringen. Das war ein Brotlaib mit einem hölzernen Kreuz in der Mitte. Jedes Ende des Kreuzes wurde mit einem Apfel verziert und es wurde auch ein Paar Socken daran aufgehängt.[38]

»Ein agrivischer [griechischer] Brauch war, dass die Braut dem Bräutigam einen Hochzeitskuchen übergab. … Der Hochzeitskuchen, dem wir schon im antiken Griechenland begegnet sind, wurde in Rom nicht von den zarten Händen der Braut hergestellt, sondern als sogenannte *confarreatio* vom Hochzeitspaar gemeinsam dargebracht. Es war ein Kuchen aus Dinkelweizenmehl, der dem Kapitolinischen Jupiter feierlich dargebracht wurde, in Anwesenheit des Hohepriesters und des dem Gott dienenden Priesters, des *flamen dialis*, der die Flamme am Brennen hielt, auf der der Kuchen verbrannt wurde.«[39]

Menschen existieren seit vielen Jahrtausenden auf der Erde, und im Lauf der Zeit hat sich ihre Lebensweise enorm verändert. Was jedoch gleich geblieben ist, ist die Einstellung des Menschen zum Brot und seine Abhängigkeit davon. Viele Vorurteile, das Brot betreffend, sind im Lauf der Zeit verschwunden, aber unser Glaube an seine gewaltige Macht ist immer noch offensichtlich. Daher gehen uns die Worte des alten georgischen Volkslieds noch immer zu Herzen:

Wachse hoch, schmücke das Feld,
Oh Getreidespross,
Gott segne die Hände, die bei deiner Geburt
geholfen haben!
Der Himmel möge dir Wärme und
täglichen Tau schicken
und die sanften Winde dich streicheln
und küssen,
Mögen kleine Wachteln dir
Wiegenlieder singen.
Wachse bald, mein Getreidespross,
wachse bald und hoch!

Und georgische Märchen enden noch immer mit den Worten:
Lass Kummer dort sein und Freude hier,
lass Kleie dort sein und Mehl – hier!

Hochzeitsbrot.

Käsebrot

Auf die Frage, was das Zentrum der georgischen Festtafel darstellt, würden die meisten das köstliche Käsebrot *Chatschapuri* nennen.

Roger Rosen, ein Georgien-Experte und Autor eines wunderbaren Reiseführers, schreibt: »Wenn Georgier im selben Umfang nach Amerika ausgewandert wären, wie Italiener das getan haben, wäre *Chatschapuri* dort ebenso populär wie Pizza.«[40]

Die Georgier sind so stolz auf ihr *Chatschapuri*, dass sie sogar beleidigt reagieren können, wenn man es mit Pizza vergleicht. Das wird wiederum die Italiener überraschen, die nicht einmal wissen, wie *Chatschapuri* aussieht oder schmeckt. Aber ich kann Ihnen aufgrund meiner eigenen Erfahrung versichern, dass Italiener, sobald sie einmal *Chatschapuri* gekostet haben, sofort aufhören werden, dieses Gericht herablassend zu belächeln, und ernsthaft um das Rezept bitten.

Tatsächlich haben die Georgier eine sehr lange Tradition im Umgang mit Brot und Teig, die auf ihre aktive Rolle bei der neolithischen Revolution zurückgeht. Sie stellen auch viele verschiedene Käsesorten her. Da überrascht es nicht, dass einige gewitzte Georgier beschlossen haben, diese beiden wichtigen Erzeugnisse zu vereinen und eine Vielzahl von Käsebroten hervorzubringen.

Es ist bekannt, dass Varianten desselben Gerichts ihren Ursprung an geographisch und kulturell recht weit entfernten Orten haben können. Solche Gerichte nennt man *Spontankreationen*. Breitet sich ein Produkt oder Gericht auf neue Gebiete aus und wird unverzichtbarer Bestandteil einer ausländischen Ernährungsweise, ist das der gegenteilige Prozess. Das »Nationalheiligtum« der georgischen Küche – *Chatschapuri* – variiert je nach Region und wird sogar von einzelnen Familien unterschiedlich zubereitet. Meiner Auffassung nach sind die Hauptsorten aber: die imeretische, die adscharische, die megrelische, die mehrlagige und *Atschma-Makarina* (eine Art von Lasagne mit Käse). Manchmal werden verschiedene Sorten von *Chatschapuri* auf ein und derselben Festtafel präsentiert. Unter meinen ausländischen Freunden in Europa ist der Name *Chatschapuri* bereits zur Bezeichnung eines georgischen Festessens schlechthin geworden, so wie ich es zubereite, was den Platz des *Chatschapuri* als wesentlichen Bestandteil des georgischen *Supra* beleuchtet.

Ansicht von Gurien, Georgien

Vase aus dem Eanna-Tempel, Uruk, Mesopotamien.
Sechstes Jahrtausend v. Chr.

Die ewige Frage

Da wir von Festtafeln sprechen, muss ich einräumen, dass eine Familie in Georgien eine einfache, spontane Mahlzeit für Gäste herrichten kann, solange nur Brot, Käse, Kräuter und Wein im Haus sind. Dasselbe gilt für den Iran, wo man statt Wein Tee serviert. Georgien hatte sehr enge (wenn auch nicht immer herzliche) Beziehungen mit dem Iran (Persien), die auf die vorislamische Zeit zurückgehen.

Die Einführung des Christentums hat die politische und kulturelle Orientierung Georgiens festgelegt, es ist seitdem auf die westliche Zivilisation hin ausgerichtet. Dieser Vorgang hat in der weiteren Geschichte des Landes viel Blutvergießen zur Folge gehabt. Der Einfluss aus Byzanz und später der des islamischen Iran war fast bis zum neunzehnten Jahrhundert ein unveränderlicher Bestandteil im Leben der Georgier. Daneben stand Westgeorgien unter dem starken Einfluss der Osmanen, ganz abgesehen von den früheren arabischen und mongolischen Eroberungen. Am Ende wurde alles übertroffen von der 200 Jahre dauernden russischen Besetzung. All diese Kulturen haben ihre Spuren in Georgien hinterlassen, aber je gewaltsamer die Expansion fremder Kulturen war, desto lebhafter wurde das Bestreben der Georgier, ihre eigene zu erhalten und weiterzuentwickeln.

»Iberien oder Kartlien – Ostgeorgien – ist seit Beginn unserer Zeitrechnung von Parthien und später, 224 n. Chr., nach dem Fall des Partherreichs, vom Persien der Sassaniden beherrscht worden. Die antike Religion der

Relief mit Kriegern. Persepolis, Palast von Darius I. 521-486 v. Chr.

Perser, der Zoroastrismus oder Mazdaismus, ist mit der Herrschaft der Sassaniden-Dynastie verbunden. Es ist nur natürlich, dass sie ihre Religion so weit wie möglich verbreiten wollten.

Einer der Gründe für die endlosen Kriege zwischen dem Perserreich und Rom war der beiderseitige Wunsch, ihre Einflusssphären auszuweiten. Ein Land, das sie dabei im Auge hatten, war das georgische Königreich, wo sie abwechselnd triumphierten und scheiterten.

Im sechsten Jahrhundert führten Persien und Rom Krieg um Egrissi, den Westteil Georgiens, der damals für den Handel von großer Bedeutung war. Gleichzeitig waren die Perser äußerst besorgt über den wachsenden Einfluss des Christentums in Georgien. Der immerwährende Krieg zwischen dem Kaiser Justinian (527-565) und dem persischen Schah Chosrau Anuschirwan (531-579) ging mit dem sogenannten ›Ewigen Frieden‹ zu Ende, in dem beide Länder gleiche Rechte zur Beteiligung am Handel in Egrissi erhielten. Georgien brachten weder die römischen Strategen noch die Schlauheit und Strenge der Perser etwas Gutes.

Fragment eines Mosaiks. Dsalissi, Georgien.

»554 töteten Römer den georgischen König Gubas. Die georgischen Führer beschlossen, eine Versammlung in einer der Schluchten abzuhalten, um die Zukunft des Landes zu besprechen. Sie mussten entscheiden, welchen Weg sie einschlagen wollten: den, der nach Byzanz führt, oder den, der nach Persien führt. Die Anhänger Persiens wurden von Aieti angeführt, denen die für Byzanz waren, stand Partadsi vor. Am Ende gewann letztere Gruppe, die auf den starken christlichen Glauben im Land gesetzt und in ihm das entscheidende Interesse des Landes gesehen hatte.«[41]

Die Landesküche

Drei Faktoren haben sich als Voraussetzungen für die Entstehung einer Landesküche erwiesen. Der wichtigste ist die Verfügbarkeit von Produkten, das heißt günstige klimatische Bedingungen für den Anbau traditioneller oder neu eingeführter Pflanzen. Die geographische Lage eines Landes und die Entfernung zu Handelsrouten sind ebenfalls entscheidend. Der letzte, aber nicht unbedeutende Faktor ist die Region, zu der das Land gehört, und die politische Einflusssphäre, in der es sich befindet.

Natürlich haben die ausgezeichneten klimatischen Bedingungen eine enorme Rolle bei der Entstehung der außerordentlich vielfältigen georgischen Küche geführt.

Georgien war mit seiner Lage an wichtigen Routen für Handelskarawanen schon immer ein Schmelztiegel verschiedener Kulturen. Über Jahrtausende hinweg war die georgische Küche (wie alle anderen Bereiche der Kultur des Landes) dem Einfluss fremder Völker ausgesetzt, dem der Achämeniden, Griechen, Römer, Byzantiner, Sassaniden, Araber, Türken, Mongolen, Osmanen und Russen. Wir dürfen annehmen, dass Händler aus Venedig und Genua im Mittelalter ebenfalls einen Einfluss auf die einheimische Kultur hatten, denn sie verbreiteten viele Produkte und Neuerungen über die ganze Welt. Trotz dieses gewaltigen ausländischen Einflusses und der vielen Ähnlichkeiten mit fremden Kulturen ist es Georgien gelungen, eine eigenständige Landesküche zu entwickeln, die sich in vielerlei Hinsicht selbst von der der unmittelbaren Nachbarländer unterschied. Deren politische und kulturelle Expansion beeinträchtigte nicht die Erhaltung ihrer Originalität und Individualität, sondern

Karte Asiens von Prinz Wachuschti Bagrationi, 1755.

gaben einen wirksamen Anreiz, die einzigartigen Besonderheiten der georgischen Kultur zu bewahren.

Zwar ist der Nahe Osten ein riesiges Gebiet und kann natürlich kein homogenes kulinarisches Repertoire aufweisen, aber es gibt noch immer einige besondere Konventionen der Kochkunst und Kombinationen von Zutaten, die der gesamten Region gemeinsam sind. Viele ihrer Länder beanspruchen, diese vertrauten Eigenarten ursprünglich eingeführt zu haben. Ein Beispiel für derartige Behauptungen ist der Streit um den Ursprung von *Baklawa* und *Dolma*.[42]

Auch der Kaukasus, der eine viel kleinere Region als der Nahe Osten ist, zeigt keine kulinarische Homogenität. Hier gibt es ebenfalls Variationen desselben Repertoires und wechselseitige Einflüsse benachbarter Länder und ähnlicher Kochtraditionen, aber es ist auch offensichtlich, dass die Republiken des Südkaukasus – Georgien, Armenien und Aserbaidschan – weitgehend unabhängige Landesküchen mit unterschiedlichen Farben und Aromen haben. Zudem finden sich bei ihnen allen geschichtlich bedingte Spuren religiöser und politischer Einflüsse: Während Aserbaidschan den Einfluss der persischen Küche erkennen lässt, hat die armenische Küche viel mit der türkischen gemeinsam. Die georgische Küche ist einerseits von der persischen und türkischen und andererseits von der griechischen und byzantinischen beeinflusst worden. Der Einfluss der russischen Küche und durch russische Vermittlung auch der europäischen Küchen ist ebenfalls deutlich spürbar.

Bemerkenswert ist, dass sich in den verschiedenen Regionen Georgiens selbst recht unterschiedliche Nahrungsmittelrepertoires, kulinarische Kulturen und Geschmäcker entwickelt haben. Das hat zweierlei Gründe: günstige geographische Bedingungen (natürliche Barrieren, die von Gebirgszügen und Schluchten auf der einen, dem Meer auf der anderen Seite gebildet wurden) und eine ereignisreiche Geschichte mit den oben erwähnten ausländischen (byzantinischen, türkischen, persischen und anderen) Einflüssen.

Ein bedeutsamer persischer Einfluss auf die georgische Küche ist offensichtlich, angefangen damit, dass Kräuter, Brot und Käse auf den Tisch kommen, bis hin zu den »farbigen Gerichten« (*Das Auge isst und das Auge trinkt*, sagt das georgische Sprichwort). Die Wichtigkeit verschiedener Kräuter in der georgischen und der persischen Küche kann gar nicht hoch genug eingeschätzt werden. Sie sind nicht nur unverzichtbare Zutaten verschiedener Gerichte, sondern haben auch ihren Platz auf der Festtafel.

> »Schon in den alten Zeiten konnten sich die Georgier keine gute und nahrhafte Mahlzeit ohne Kräuter vorstellen. Kräuter waren unverzichtbar auf unseren Tafeln. Eine Wandmalerei in der Kirche von Nabachtewi aus dem fünfzehnten Jahrhundert veranschaulicht das gut: Neben dem Brot, dem Fisch und dem Wein, die auf klassischen Darstellungen des Letzten Abendmahls allgemein abgebildet werden, gibt es Kräuter, Radieschen und Frühlingszwiebeln auf der Abendmahlstafel.«
>
> **Iwane Dschawachischwili** (georgischer Historiker, 1876-1940)

Irdene Gefäße. Kwazchela, Kawtißchewi, Kartlien, Georgien. Erste Hälfte des dritten Jahrtausends v. Chr.

Der Einfluss der persischen Kultur auf die Küchen des gesamten Nahen und Mittleren Ostens ist nicht zu leugnen. Aber wie alle Kulturen war sie vielen Diffusionen und Mutationen unterworfen. Manche Elemente überlebten, andere verschwanden spurlos.

Zwischen der gegenwärtigen georgischen und östlichen (insbesondere persischen) Küche bestehen neben einigen Ähnlichkeiten auch große Unterschiede, vor allem in der Verwendung von Reis, der beinahe in jedem Land des Mittleren Ostens in großen Mengen verzehrt wird. Er ist die Hauptzutat zu diversen Varianten von Pilaw und wird als Beilage verwendet. Auch in Georgien wird Reis gegessen; er findet unter anderem bei der Zubereitung des rituellen Gerichts *Schilaplawi* Verwendung. Im Allgemeinen ist es jedoch nicht der Reis, der das Aussehen und den Geschmack von Gerichten georgisch macht; im Gegenteil: Er verleiht Gerichten einen leicht untypischen Geschmack. Außerdem wird Reis in der georgischen Küche nie als Beilage verwendet. Beilagen sind kein charakteristisches Merkmal der georgischen Küche, sie besteht vielmehr aus unabhängigen Gerichten, die einzeln genossen werden. Im Iran hat Reis trotz seiner Beliebtheit niemals den Weizen als Grundnahrungsmittel verdrängt. Dort ist Brot der Begleiter zu jeder Mahlzeit, ganz gleich, was sonst noch gegessen wird, einschließlich Reis. Obwohl Reis im Iran seit sehr langer Zeit gegessen wird, gehört er dort nicht zur ältesten kulinarischen Kultur, denn er erscheint im Iran, S. Zubaida zufolge, erst im sechzehnten Jahrhundert.[43]

Zweifellos gibt es in Mittelasien und dem Nahen Osten einen regelrechten Kult um den Joghurt. Im Osten findet er nicht nur in vielen Gerichten Verwendung, es werden auch außerordentlich köstliche Getränke daraus zubereitet (das türkische *Ayran*, das persische *Doogh* und andere). In Georgien wird *Mazoni* entweder kalt gegessen oder es wird eine Suppe daraus gekocht, aber es werden keine Getränke daraus hergestellt.

Fragment eines Mosaiks. Dsalissi, Georgien. Zweites Jahrhundert n. Chr.

Die Verwendung von Olivenöl ist in den Küchen des Ostens weit verbreitet, aber nicht in traditionellen georgischen Speisen. Dass Oliven in Georgien nicht produziert werden, ist umso verwunderlicher, als die klimatischen Bedingungen sehr günstig dafür wären. Zudem hat Prinz Wachuschti Bagrationi – neben vielen Reisenden, die über Georgien geschrieben haben – bezeugt, dass im westlichen Teil des Landes wilde Olivenbäume wuchsen.

Dass geschmolzene Butter im Osten Georgiens und im Hochland so beliebt ist, hat vielleicht mit der Beliebtheit dieses Produkts im Nahen Osten zu tun, gar nicht zu reden von seiner Unverzichtbarkeit für die indische Küche. Solche Verbindungen lassen sich auch in der Verwendung des Fetts aus Schafschwänzen in der Küche Ostgeorgiens erkennen.

Als säuernde Zutat wird in der östlichen Küche die Zitrone verwendet. Sie erfüllt dieselbe Funktion wie Weinessig in der georgischen Küche. Obwohl Zitronen (ebenso wie andere Zitrusfrüchte) in Georgien gut gedeihen, spielten sie in der kulinarischen Tradition des Landes als Säuerungsmittel keine Rolle und sind erst seit kurzem in Mode. Auch im Nahen Osten und in Europa wurde traditionell Weinessig verwendet, und die Zitrone ist als säuernde Zutat erst in neuerer Zeit aufgekommen.

Dies bestätigt meine Annahme (zu der ich im Verlauf der Analyse dieses Materials gekommen bin), dass die georgische Küche dazu neigt, alte Rezepte, Zubereitungstechniken und Kombinationen von Zutaten zu bewahren. Hier ist ein weiteres Beispiel: Gemäß mittelalterlichen östlichen – und nicht nur östlichen – Rezepten, wurde Fleisch pochiert und erst dann gegrillt oder gebraten. Dasselbe geschieht in der heutigen georgischen Küche, auch wenn die meisten gegenwärtigen Gerichte anderswo erst mit Zwiebeln, Tomaten und verschiedenen Kräutern gebraten und dann in Flüssigkeit gegart werden. Insgesamt hat die georgische Kultur viele alte Elemente bewahrt, die sie einst mit anderen östlichen oder westlichen Kulturen geteilt hat, aus denen sie im Lauf der Zeit verschwunden sind.

Ein weiterer interessanter Unterschied zwischen der georgischen und den östlichen Küchen betrifft das Rosenwasser. Die persische Küche ist ohne es undenkbar, wogegen es in der georgischen Küche überhaupt keine Verwendung findet.

Wenn wir die Zubereitungstechniken betrachten, zeigen sich viele Ähnlichkeiten und Unterschiede. Zum Beispiel werden Gewürze im Nahen Osten angeröstet, bevor sie den Speisen hinzugefügt werden, was auf einen Einfluss der indischen Küche zurückzugehen scheint. Grundsätzlich finden Gewürze in der heutigen westlichen Kost weniger Verwendung als im Mittelalter. In westlichen und sogenannten mediterranen Küchen sind Gewürze durch aromatische Kräuter wie Rosmarin, Thymian, Lorbeer und andere ersetzt worden. Auch in den heutigen Küchen des Ostens werden sehr viel weniger Gewürze als früher verwendet. Die »Küche von Istanbul« rühmt sich sogar, überhaupt keine Gewürze zu verwenden, da sie es vorzieht, die natürlichen Aromen und den Geschmack der Zutaten zu erhalten. Die georgische und die indische Küche dagegen sind den Gewürzen bis heute treu geblieben.

Komposition aus georgischen Speisen und Lebensmitteln, Tamara Kwesitadse.

Der georgische Geschmack

»Georgien ist ein fruchtbares Land. … Man lebt dort genussvoll und preisgünstig. Das Brot ist so gut wie nirgendwo auf der Welt. Es gibt hervorragende Früchte aller Art. Nirgends in Europa werden Birnen und Äpfel produziert, die feiner sind oder besser schmecken; nirgends in Asien werden großartigere Granatäpfel hervorgebracht. Es gibt sehr gutes Vieh, kleines und großes, im Überfluss. Das Wild, das in allen Arten vorkommt, ist unvergleichlich, vor allem die Vögel. Es gibt große Mengen von Wildschweinen, zart wie in Kolchis. Die einfachen Leute leben fast ausschließlich von Schweinen. Man sieht sie überall in der Landschaft – man kann wirklich keine bessere Nahrung finden als dieses Fleisch. Die Landbevölkerung versichert einem, dass man nie eine Magenverstimmung davonträgt, gleich wieviel man davon isst. Ich glaube, dass das wahr ist, denn obwohl ich fast bei jeder Mahlzeit Schweinefleisch gegessen habe, hat es mir nie geschadet. Das Kaspische Meer, das nahe an Georgien liegt, und die Kura, die durch das Land fließt, liefern so viel Salz- und Süßwasserfisch, dass wir garantieren können, dass man in keinem Land zu jeder Zeit bessere Nahrung essen kann, als in Georgien.«

Jean Chardin (französischer Reisender, 1643-1713)

Es ist kaum zu glauben, was nicht alles in Georgien wachsen kann: von den ältesten einheimischen Kräutern und Gemüsearten bis zu den aus der »Neuen Welt« nach Europa gebrachten exotischen Lebensmitteln. Es ist schwer, ein anderes Land zu nennen, in dem man so viele Kräuter verbraucht, und zwar nicht nur fürs Kochen, sondern auch als eigenständige, rohe Nahrungsmittel.

Vielleicht zählt die georgische Küche gerade deswegen zu den gesündesten in der Welt. Viele wild wachsende Kräuter werden hier auch als Heilmittel gebraucht. Jahrhunderte lang hat man in Georgien unterschiedlichste Methoden zu ihrer Vorbereitung und Lagerung entwickelt.

Trotz vieler Einflüsse besitzt jede nationale Küche gewisse Eigenschaften und Merkmale, die nur ihr allein eigen sind. Was irgendeine Küche einzigartig und unwiederholbar macht, ist eine bestimmte Kombination von Geschmack, Geruch und Farbe, die irgendwann entstanden ist. Die Kombination könnte einige bekannte, in manchen anderen Küchen verwendete Zutaten enthalten. Enthalten alle Melodien denn nicht dieselbe begrenzte Anzahl von Tönen? Und trotzdem fällt es uns nicht schwer, die Musik von Bach, Mozart und Louis Armstrong voneinander zu unterscheiden. Bedient sich jede menschliche Rede nicht der »selben« Laute? Wir erkennen aber mühelos den Unterschied zwischen dem Deutschen, dem Französischen und dem Chinesischen. Genauso verhält es sich mit der Küche. Es ist schwierig, den Geruch eines indischen Gerichts mit dem einer französischen, einer chinesischen oder einer mexikanischen Speise zu verwechseln, auch wenn sie alle möglicherweise dieselben Zutaten enthalten. Wer eine der vielen nationalen Küchen gut kennt, wird auch deren regionale Mannigfaltigkeit auseinander zu halten wissen (so wie ein Linguist Dialekte einer Sprache unterscheidet). Dieses Phänomen nennt Elisabeth Rozin *das Geschmacksprinzip* (»The Flavor Principle«). Nach ihrer Theorie hat jede Kultur ihr eigenes Kochsystem.

»Das individuelle Kochsystem ist es, das die ›nationale Küche‹ ausmacht. Innerhalb dieses Systems ist alles von Bedeutung: die Zutaten, die Kochtechnik, die Dauer des Kochprozesses und so weiter. Entscheidend bei der ethnischen Zuordnung eines Gerichts ist jedoch ausschließlich der Geschmack. Wird, zum Beispiel, ein Gericht mit einer Sojasauce aromatisiert, wird es fast automatisch als asiatisch identifiziert. Wenn Sie aber dieser ›asiatischen Basis-Sojasauce‹ etwas Knoblauch, braunen Zucker, Sesamsamen und Chili hinzufügen, erhalten Sie eine Gewürzverbindung, die als eine koreanische zu definieren wäre. Und wenn Sie aber die Sesamsamen durch Erdnüsse ersetzen, werden Sie den ›indonesischen Geschmack‹ hervorbringen. Wir können noch weitergehen und die Regionen innerhalb eines Landes nach dem ›Geschmacksprinzip‹ klassifizieren.«[44]

Das Geschmacksprinzip der georgischen Küche oder der georgische Geschmack basiert, nach meiner Meinung, auf der Kombination von Walnüssen und *Chmeli Ssuneli*, einer Mischung bestimmter getrockneter Gewürze.

Die Walnuss ist die Königin der georgischen Küche. Die Walnuss-Kultur gibt es in Georgien seit Menschengedenken und die Nüsse werden bei fast allen Speisearten verwendet: bei Vorspeisen und Geflügel- und Fleischgerichten sowie bei Nachspeisen wie z. B. *Tschurtschchela* oder Honigjoghurt usw. Übrigens, der Honigjoghurt mit Walnüssen ist die bekannte griechische Nachspeise, und es ist schwer zu sagen, wo diese leckere Kombination zuerst entstanden ist, in dem antiken Kolchis (Westgeorgien) oder Griechenland, zumal selbst die griechischen Historiker aus dem sechsten bis zum vierten Jahrhundert vor Christus berichten, wie reich an Walnüssen und Honig (sowie an Granatäpfeln und Wein) Kolchis war.[45]

Und was *Chmeli Ssuneli* anbetrifft, so ist das eine Mischung aus einigen Gewürzen, die jedesmal anders zusammengesetzt werden kann, die aber einige obligatorische Bestandteile enthält: Koriandersamen (Coriandrum sativum), Studentenblume oder der georgische Safran (Tagetes patula), Bockshornklee (Trigonella foenum-graecum), Sommer-Bohnenkraut (Satureja hortensis), Chili (Genus capsicum), Knoblauch (Allium sativum) und Salz. Zum

Versteinerte Walnuss, Dedoplis (Aradetis) Gora, Georgien. Erstes Jahrhundert n. Chr.

Säuern verwendet man in Georgien Weinessig oder Granatapfelsaft. Die Mixtur von Walnuss, *Chmeli Ssuneli* und den säuernden Zutaten (wobei dem Koriander die führende Rolle gehört), wird *Sakmasi* genannt. *Sakmasi* kommt von *Sakasmi* und bedeutet das »Schmückende«, »Vollendende«. Wenn wir dem *Sakmasi* gebräunte Zwiebeln und etwas Zimt hinzufügen und damit frittierte Auberginen bestreichen, dann haben wir das bekannte georgische *Nigwsiani Badridschani* (Auberginen mit Walnüssen) vor uns, und wenn wir aber gekochtes Gemüse (wie zum Beispiel, Lauch, Rote-Bete-Blätter, Spinat oder rote beziehungsweise grüne Bohnen) damit »schmücken«, bringen wir das georgische Gericht *Mchali* hervor.

Mchalis werden in verschiedenen Teilen Georgiens unterschiedlich vorbereitet. In Westgeorgien werden viele scharfe Gewürze benutzt und darum sind die Mchalis hier ziemlich vielstimmig. In Ostgeorgien und im Gebirge geht man mit den Gewürzen zurückhaltender um, man benutzt vielmehr aromatische Kräuter. Daher sind die Mchalis in Ostgeorgien »ruhiger«, »moderater«.

»In Megrelien werden Mchalis auch aus Rüben, Sauerampfer, Radieschen-Blättern und vielen anderen Gemüsesorten gekocht. In Gurien sind besonders Mchalis aus Grün- und Blumenkohl beliebt.«[47] Dass das Blattgemüse eine derartige Popularität in der georgischen Küche genießt, kann nicht allein damit erklärt werden, dass das Klima den Gemüse-Anbau in Georgien begünstigt. Dass Fleisch nicht für alle erschwinglich war, reicht als Erklärung auch nicht aus. Der wirkliche Grund soll in den von der orthodoxen Kirche vorgeschriebenen Regeln liegen. Danach ist der Verzehr jeglicher Nahrung, die auf ein Tier zurückgeht (Fleisch, Fisch, Milch, Eier, Fett und so weiter), verboten. »Die Georgier sind so stur, dass sie ihre Art des Fastens für die einzig richtige halten«, schrieb Jean Chardin im siebzehnten Jahrhundert. »Sie denken, die Kapuziner seien keine echten Christen, weil sie sich nicht an die Fastenregeln hielten, die in Georgien gelten. Solch eine merkwürdige Hartnäckigkeit zwingt die Missionare, nach georgischen Vorschriften zu fasten.«[48]

Man bedenke aber, dass die Fastenzeit insgesamt ein halbes Jahr umfasst. Im Umgang mit dieser Vorschrift zeigte sich deutlich der georgische Charakter: Man hielt sich streng an sie, ohne die weltlichen Freuden ganz vergessen zu wollen. Die von der Religion gesetzten Grenzen stimulierten Kreativität und führten zur Entstehung einer Vielzahl köstlicher vegetarischer Gerichte. So kam es wohl auch zu den Variationen von Chatschapuri, bei denen die Käsefüllung durch eine Gemüsefüllung ersetzt wird. Diese sogenannten *Gemüsebrote* (*Mchlowani*) werden überwiegend in der Fastenzeit gebacken.

Ursprünglich stand das Wort Mchali für alle Arten essbarer Pflanzen. Prinz Wachuschti Bagrationi schrieb: »In den Wäldern und Tälern gibt es viele aromatische Kräuter, genannt Mchali, die man im Winter zum Kochen verwenden kann.« Später bezeichnete das Wort Mchali alle Speisen, die aus Kräutern und Gemüse zubereitet wurden. Wenn es eine Speise gibt, die man typisch georgisch nennen könnte, dann ist das Mchali. Alle Mchali-Arten zu beschreiben ist unmöglich, er wird fast aus jeder Pflanze zubereitet, von Brennessel bis zur Aubergine, die über die Türkei und Persien nach Georgien gekommen ist.

Von Wachuschti Bagrationi stammt eine Liste der meistverbreiteten Kräuter und Pflanzen in Georgien: »Aubergine, Koriander, Dill, Fenchel, Estragon, Sellerie, Bohnenkraut, Zwiebel, Lauch, Radieschen, Petersilie, Karotte, Kohl, Wirsing, Salat u. a.« Die natürlichen Bedingungen sowie die streng eingehaltenen langen Fastenzeiten führten dazu, dass eine große Vielfalt an Gemüse- und Obsteintöpfe ersonnen wurde. Es gibt neun Eintopf-Rezepte aus Weintrauben, Brombeeren, Tomaten, Kräutern, Kornel- und Sauerkirschen im Kochbuch von Barbare Dschordschadse aus dem neunzehnten Jahrhundert. Diese sogenannten »Bauerneintöpfe« – immer mit Weizenmehl verdickt– waren für Ostgeorgien charakteristisch.

Die Geschichte des Korianders

Coriandrum sativum

Koriander ist eines der ältesten Gewürzkräuter, die der Mensch verwendet. Man hat in der Nahal-Hemar-Höhle Samen gefunden, die aus dem Neolithikum stammen. In sumerischen Rezepten, die sich auf Keilschrifttafeln erhalten haben, wird Koriander als unverzichtbare Zutat für viele Gerichte beschrieben.[46] Wir treffen das Kraut auch in Sanskrit-Handschriften an, die aus dem zweiten Jahrtausend v. Chr. stammen. Es wird auch in der Bibel erwähnt: »Das Haus Israel nannte das Brot Manna. Es war weiß wie Koriandersamen und schmeckte wie Honigkuchen.« (Exodus 16, 31). Koriandersamen wurden sogar im Grab von Tutenchamun gefunden. Den Rezepten zufolge, die der bekannte römische Feinschmecker Apicius überliefert hat, fand das Kraut auch im alten Rom viel Verwendung. Die Römer verbreiteten den Koriander im übrigen Europa; es heißt, Koriandersamen seien das erste Gewürz gewesen, das nach Amerika gelangt ist.

Es ist bekannt, dass die alten Griechen Koriander für die Parfümherstellung verwendeten. Das Kraut war im Mittleren und Nahen Osten, in Südost- und Zentralasien, China und Indien ebenso verbreitet wie im Mittelmeerraum, Vorderasien und Afrika.

Die Küchen Mexikos und Südamerikas sind kaum vorstellbar ohne den Geschmack von Koriander, aber es handelt sich um ein anderes Kraut, den »Bolivianischen Koriander« (*Porophyllum ruderale*), der zu einer anderen botanischen Familie zählt, den Korbblütlern (*Asteraceae*), und unter verschiedenen Bezeichnungen bekannt ist.

Im heutigen Europa wird Koriander nur in begrenztem Umfang verwendet. In der georgischen Küche ist der Koriander unverzichtbar, er macht ganz wesentlich den »georgischen Geschmack« aus. In Georgien wird das Kraut sowohl getrocknet und gemahlen als auch frisch verwendet. Seine gemahlenen Körner sind ein Bestandteil eines trockenen, pulverisierten Kräutergewürzes.

Die Geschichte der Aubergine

Solanum melongena

Die Aubergine, auch Eierfrucht genannt, stammt aus Indien. Sie wurde in prähistorischer Zeit in Süd- und Ostasien kultiviert. Die erste schriftliche Erwähnung der Pflanze wurde in China gefunden und stammt aus dem Jahr 544. Araber brachten die Pflanze bereits zu Beginn des Mittelalters in den Mittelmeerraum, und sie erreichte die westliche Welt erst im sechzehnten Jahrhundert. Die Araber nennen sie *Al-badinjan*, die Spanier haben einen ähnlich klingenden Namen für sie, *Alberengena*, während sie in den Vereinigten Staaten, Australien und Neuseeland wegen ihrer ovalen Form als *Eggplant* (Eierpflanze) bekannt ist. Die Briten nennen sie *Aubergine*, und die Italiener *Melanzane*. Vor langer Zeit hielt man die Aubergine, wie die Tomate, für eine gefährliche Pflanze. Aber im Lauf der Zeit fand die Frucht breite Verwendung in vielen Küchen der Welt. Es gibt verschiedene Varietäten der Aubergine, die sich in Farbe, Form und Größe unterscheiden. Es gibt violette, weiße, grüne und gelbe Auberginen. In Südostasien werden kleine Auberginen produziert. Die größten Auberginenproduzenten der Welt sind gegenwärtig China, Indien und Ägypten.

Die Geschichte des Spinats

Spinacia oleracea

Spinat ist in Georgien immer sehr beliebt gewesen. Er stammt aus Zentral- und Vorderasien, wo er vermutlich aus der *Spinacia tetranda* kultiviert wurde, einer essbaren Wildpflanze, die in Anatolien noch immer beliebt ist. Manche Forscher nehmen an, dass er seit Menschengedenken im Fruchtbaren Halbmond angebaut wurde, also in der Wiege der Neolithischen Revolution. Die erste schriftliche Erwähnung der Pflanze findet sich im Persien der Sassaniden (etwa 226-640 n. Chr.). Es ist auch bekannt, dass Spinat 647 von China nach Nepal gebracht wurde, und er wird dort noch immer »iranisches Gras« genannt. Die Pflanze war im antiken Griechenland und Rom unbekannt. Sie wurde vermutlich im achten Jahrhundert von den Arabern im Mittelmeerraum verbreitet. Im fünfzehnten Jahrhundert erreichte sie die Provence und gehörte dort bald zur Alltagskost. Sie wurde auch in Italien geschätzt. Die Italiener spielten eine wichtige Rolle bei der Verbreitung der Pflanze. Spinat dürfte im fünfzehnten Jahrhundert durch die Araber in Spanien eingeführt worden sein. Caterina de' Medici, die 1547 Königin von Frankreich wurde, verlangte, dass Spinat als Beilage zu allen Gerichten serviert wurde. Vielleicht werden Gerichte, in denen Spinat verwendet wird, deshalb *florentina* genannt, nach dem Geburtsort der Königin, Florenz.

Die Geschichte des Lauchs, der Zwiebel und des Knoblauchs

Allium ampeloprasum var. Porrum
Allium cepa L., Allium sativum L.

Wir treffen den Lauch, die Zwiebel und den Knoblauch in den ältesten georgischen Übersetzungen an. Frühe Georgien-Reisende beschreiben zwei Arten von Lauch, die in diesem Land wachsen. Außerdem gibt es verschiedene Varietäten von Knoblauch und Zwiebeln in West- und Ostgeorgien. Diese Laucharten sind dort als Heilmittel wie als Nahrung weit verbreitet. Die Kultivierung des Lauchs wird den Ägyptern zugeschrieben. Plinius d. Ä. schrieb, der beste Lauch käme aus Ägypten. Die antiken Griechen und Römer bauten ihn ebenfalls an und erwiesen ihm großen Respekt. Im alten Rom wurde Soldaten Lauch vorgesetzt, damit sie mutiger würden. In alten Medizinbüchern werden Zwiebeln und Knoblauch viele heilende Eigenschaften zugeschrieben. Manche Forscher nehmen an, dass der Knoblauch aus Asien stammt. Georgische Gerichte sind ohne Knoblauch und Zwiebeln undenkbar. Der Knoblauch wird zur Zubereitung eines der köstlichsten *Mchalis* verwendet.

Die Geschichte der Roten Beete

Beta vulgaris L.

Man nimmt an, dass der Mittelmeerraum die Heimat der Roten Beete ist. Die Pflanze ist auf Wandgemälden abgebildet, die man in den Gräbern der alten Ägypter gefunden hat. Plinius beschreibt zwei Arten Roter Beete, die es in

Griechenland gab. Im antiken Rom hielt man Rote Beete für ebenso schädlich wie den Kohl, und vermied, sie zu essen. Karl der Große dagegen ordnete 812 an, dass Rote Beete zusammen mit Anis, Koriander und Flachs in seinem Reich angebaut wird. In der georgischen Übersetzung des Buches Genesis stoßen wir auf das persische Wort für Rote Beete, *Tschakuntel*, was den georgischen Gelehrten Iwane Dschawachischwili zu der Überzeugung brachte, sie sei von den Persern in Georgien eingeführt worden. Er berichtet auch, dass man sie in Megrelien *Sotolia* nennt, was sich vom griechischen Name derselben Pflanze, *Seitlion*, ableitet. Folglich dürfen wir annehmen, dass Rote Beete in diese georgische Region von den Griechen eingeführt worden ist.

In Georgien wird »rotes *Mchali*« aus den Blättern der Roten Beete zubereitet. Es scheint, dass zwei Arten Roter Beete in Georgien weit verbreitet gewesen sind. Die persische Ts*chakuntel* muss süß gewesen sein. Die Georgier machen Rote Beete sogar ein. Wie Karl der Große ordnete der georgische König Wachtang VI. an, Rote Beete »in jedem Garten« zu ziehen.[49]

Die Geschichte der Linsen

Lens culinaris

Linsen sind die ältesten Hülsenfrüchte, die der Menschheit bekannt sind, und wurden im Orient, im antiken Griechenland und an der Mittelmeerküste viel gegessen. Bei archäologischen Ausgrabungen in Georgien fand man Linsen aus dem Neolithikum, was beweist, dass die Pflanze dort seit der fernsten Vergangenheit der Ernährung diente. Später wurden Linsen in Georgien vollständig durch grüne Bohnen ersetzt, aber jetzt wird die alte Kulturpflanze in manchen Gegenden wieder angebaut. Die Organisation *Elkana* hat ein Buch mit dem Titel *Vergessene Kulturen* veröffentlicht, in dem wir die ältesten Rezepte für Gerichte finden können, die aus traditionellen Kulturpflanzen wie Linsen, Hirse und Schwarzaugenbohnen zubereitet werden. Hülsenfrüchte sind in Georgien allgemein sehr beliebt. Sie werden verwendet, um verschiedene Suppen und gewürzte Speisen zu kochen. Marcus Gavius Apicius, der bekannte römische Feinschmecker, hat mehrere interessante Rezepte für Gerichte aus Kichererbsen überliefert.

Eine Ansicht Kachetiens, Georgien.

Die aufregenden Abenteuer der tropischen Gewürze

Beinahe alle wichtigen tropischen Gewürze hatten ihre ursprüngliche Heimat im Orient. Indien und Südostasien haben uns die meisten Gewürze gegeben: schwarzen Pfeffer, Zimt, Gewürznelken, Ingwer, Kardamom, Muskatnuss, Kurkuma, Safran und Mazis. Die einzigen bedeutenden Gewürze, heimisch in Nord- und Südamerika, sind Piment, Vanille und der Spanische Pfeffer (Chili). Der Mittelmeerraum, einschließlich Nordafrikas und des Mittleren Ostens (Kleinasiens) hat die meisten Küchenkräuter geliefert: Lorbeerblätter, Koriander, Kreuzkümmel, Dill, Fenchel, Bockshornklee, Senfkörner, Rosmarin, Safran und Salbei. Nordeuropa hat dieses Repertoire um Meerrettich und Kümmel erweitert.

Anfangs wurden die meisten Gewürze für religiöse Rituale verwendet. Man hielt sie für heiligen Ursprungs, daher wurden sie auch für heilige Zwecke gebraucht. Die Menschen glaubten, Gewürze kämen aus dem Paradies und würden im Garten Eden wachsen. Es hieß sogar, der mythische Vogel Phoenix habe sein Nest aus verschiedenen Gewürzen gebaut.

Es gibt etwa vierzig Rezepte auf drei babylonischen Tontafeln, die erst vor kurzem entziffert wurden. Ihnen zufolge verwendeten die Sumerer Zwiebeln, Knoblauch, Lauch, Koriander, Kümmel und andere Gewürze für beinahe jedes Gericht.[50]

Im antiken Griechenland und Rom erlangten Gewürze besondere Wichtigkeit während Epidemien, da man fest an ihre magischen Kräfte glaubte. In diesem Zusammenhang wurde der schwarze Pfeffer besonders verehrt. Die Mehrheit der Gewürze wurde als Antidot gegen Gifte verwendet.

Die Araber kontrollierten den Gewürzhandel mit dem Orient bis zum ersten Jahrhundert nach Christus fast vollständig. Sie wussten sehr gut, woher und auf welchen Wegen die Gewürze kamen, aber da sie über einen gesunden Geschäftssinn verfügten, sorgten sie dafür, dass die Profite ihrer Mittelsmänner gesichert waren, indem sie eine Reihe magischer Mythen über ihren Ursprung in Umlauf brachten. Herodot hat ihre Erzählungen über die Zimternte im fünften Jahrhundert vor Christus so wiedergegeben:

»Wo er herkommt und welches Land ihn produziert, wissen sie nicht. Sie sagen, die trockenen Stangen, deren Namen Zimt sie von den Phöniziern übernommen haben, würden von großen Vögeln gebracht, die sie zu ihren Nestern tragen, die aus Schlamm gemacht sind und sich an Felshängen befinden, die kein Mensch erklimmen kann, und die Methode, die die Araber erfunden haben, um an sie heranzukommen, ist, die Körper toter Ochsen, Esel oder anderer Tiere in große Stücke zu zerlegen, die sie an die fragliche Stelle bringen und in die Nähe der Nester auf den Boden legen. Sie ziehen sich in sichere Entfernung zurück, die Vögel kommen angeflogen, tragen die Fleischstücke zu ihren Nestern, die nicht stark genug sind, um das Gewicht zu tragen, zerbrechen und auf den Boden fallen. Dann kommen die Männer und sammeln den Zimt auf, der dann in andere Länder exportiert wird.«[51]

Die Geschichten über andere Gewürze waren noch viel unglaublicher, sie handelten von fliegenden Schlangen und angriffslustigen Fledermäusen, die die Kräuter beschützten. Die Gewürzjäger hätten sich deshalb in Anzüge aus Ochsenhaut zwängen müssen, die ihren ganzen Körper bis auf die Augen bedeckten, um ihr Ziel zu erreichen.[52]

Im Mittelalter nahm die in Städten lebende Bevölkerung stark zu, und sie brauchte Gewürze und Salz, um Nahrungsmittel zu konservieren. Daher nimmt die Mehrheit der Historiker an, dass die Europäer nie zuvor einen so großen Bedarf an Gewürzen hatten, wie zwischen dem vierzehnten und dem neunzehnten Jahrhundert.

Einige Jahrhunderte später stieg in Europa der Preis von Gewürzen so an, dass es sich nur wenige leisten konnten, sie zu kaufen. 711 brachten die Araber Reis, Safran und Zucker nach Europa. Interessanterweise waren es Händler aus Venedig, die aus dem Erfolg arabischer Händler den größten Profit schlugen. Ihre gewinnträchtigen Geschäftsbeziehungen mit den Arabern wurden sogar durch die Kreuzzüge nicht unterbrochen. Der Handel kam erst 1453 zum Erliegen, als die Osmanen Konstantinopel einnahmen. Der Schlachtruf »Für Christus und Gewürze!«, der Vasco da Gama zugeschrieben wird, lässt die wirtschaftliche Bedeutung erkennen, die Gewürze in der damaligen Welt hatten. Direkter Zugang zu Gewürzen bedeutete Reichtum und Einfluss. Außerdem ließen sie sich leicht transportieren, das Verhältnis von Gewicht und Preis ermöglichte hohe Gewinne. Gewürze wurden für die Europäer bald zu unverzichtbaren Produkten. Nach einer schlechten Ernte, in einem kalten Winter, war Fleisch, mit viel Salz und Pfeffer gewürzt, das einzige, was einen vor dem Verhungern bewahren konnte. Pfeffer war so wertvoll wie Gold.

Zudem erfuhren die Europäer vom ayurvedischen System der indischen Medizin, in dem Gewürzen heilende Eigenschaften, insbesondere gegen Entzündungen, zugeschrieben werden. In dieser Hinsicht schien gelber Ingwer besonders heilkräftig zu sein. Koriandersamen halfen beim Wasserlassen, und Pfeffer verhinderte die Entstehung von Schleim. Die Verwendung von Gewürzen bei Pestepidemien machten sie im mittelalterlichen Europa noch teurer. Zum Beispiel kostete ein Pfund Ingwer so viel wie ein Schaf, und für ein Pfund Muskatnuss konnte man sieben fette Ochsen kaufen. Die Gewürze wurden als ausgezeichnete Konservierungsmittel angesehen und waren von unschätzbarem Wert, bevor die Kühlschränke erfunden wurden.

Mitte des fünfzehnten Jahrhunderts begann die Rivalität zwischen Spanien und Portugal im Gewürzhandel sich zuzuspitzen. Papst Alexander IV. beschloss, das Problem friedlich zu lösen. Auf Initiative des Papstes unterzeichneten Spanien und Portugal 1494 den Vertrag von Tordesillas, der eine einfache Aufteilung der Länder umfasste, in die ihre Entdecker vorgedrungen waren. Sie zogen eine Linie durch den Atlantik und legten fest, dass alles neue Land westlich dieser Line Spanien gehören sollte, und das östlich davon gelegene Portugal.

Die Spanier finanzierten Ferdinand Magellans Expedition zur Inselgruppe der Molukken (den »Gewürzinseln«). Es war die erste Expedition, die rund um die Erde führte. Unglücklicherweise wurde Magellan auf den Philippinen getötet, aber die Expedition wurde fortgesetzt, und 1522 kehrte sein Schiff *Victoria* unter dem Kapitän Juan Sebastián Elcano mit Gewürzen beladen nach Europa zurück.

Nichts ist von Dauer unter der Sonne. Während früher Gewürze die Welt beherrschten, Kriege verursachten und Regierungen stürzten, tut das heute das Öl. Das moderne Europa verwendet in weit geringerem Umfang tropische Gewürze. Gewürznelken, Zimt, Piment und Muskatnuss werden hauptsächlich für Gebäck und Süßigkeiten verwendet. Obwohl in den gegenwärtigen orientalischen Küchen Mischungen verschiedener Gewürze Verwendung finden (das persische *Advieh*, das arabische *Baharat*, das nordafrikanische *Harissa*), werden tropische Gewürze meines Wissens und meiner persönlichen Erfahrung nach in großem Maßstab hauptsächlich in Indien und in meiner Heimat Georgien verwendet.

Asien hat immer eine Anziehungskraft auf Europäer ausgeübt. Sogar Homer beschrieb fantastische Länder, erstaunliche Völker und Drachen des Orients. Die aufregenden Geschichten, die Herodot über exotische Gewürze erzählte, befeuerten die Fantasien der Europäer über die Geheimnisse Asiens, bis Plinius auf den Plan trat. Aber am wichtigsten war für die christlichen Europäer der Glaube, dass es wirklich ein Paradies gab und dass es sich in Asien befinden würde.[53]

Reiche begannen Kriege, um Einfluss auf Länder zu gewinnen, die reich an Gewürzen waren, um ihr eigenes wirtschaftliches Gedeihen und ihre politische Stärke sicherzustellen, weil Gewürze einen ähnlichen Wert hatten wie Gold. Man kann ohne Übertreibung sagen, dass tropische Gewürze über die Jahrtausende hinweg (und bis vor etwa vier Jahrhunderten) so wichtig für die Weltwirtschaft waren wie heute das Öl.[54]

Noahs Arche
Tamara Kwesitadse.

Zeitgeist

Trends fallen gewöhnlich bei zwei Gelegenheiten dem Spott anheim: wenn sie in Mode kommen, und wenn sie aus der Mode kommen. Obwohl sie sich schnell ändern kann, bringt die Mode den Zeitgeist unverfälscht zum Ausdruck.

Wenn wir einen Blick auf die Liste der Produkte und Speisen werfen, die zu verschiedenen Zeiten in Georgien verzehrt wurden, werden wir sehen, dass manche von ihnen die Zeiten nicht überdauert haben und aus der georgischen Küche genauso schnell wieder verschwunden sind, wie Modewörter aus dem Wortschatz einer Sprache. Die Artischocke, die (Barbare Dschordschadse zufolge) im Tiflis des 19. Jahrhunderts sehr beliebt war, ist ein gutes Beispiel dafür. Wenn Georgier sie heute kennen, dann wahrscheinlich, weil sie sie im Ausland gegessen haben.

Ein Kochbuch, das 1874 von Barbare Dschordschadse veröffentlicht wurde, enthält eine umfangreiche Sammlung von Rezepten, zusammen mit nützlichen Ratschlägen für den Haushalt. Einerseits gibt es uns Einblicke in die vielfältigen Gerichte und Produkte, die im Georgien des neunzehnten Jahrhunderts beliebt waren, andererseits führt es neue Rezepte für traditionelle georgische Speisen auf, daneben Rezepte für persische und türkische Gerichte oder für europäische Desserts, die damals in Mode waren, wie Pudding, Törtchen, Charlotte und Eiscreme.

Als ich Kind war, schien es völlig ausgeschlossen, dass die chinesische oder japanische Küche je in Georgien populär werden könnten. Heute ist die Vielzahl der asiatischen Restaurants in Tbilissi nur ein weiterer Beweis für die zunehmende, weltweite Beliebtheit asiatischer Gerichte (die Georgier tun ihr Bestes, den Trends zu folgen). Ein Beispiel dafür ist das japanische Sushi, ein Gericht, das sehr in Mode gekommen ist. Wenn man die anderen Symbole der Massenkultur berücksichtigt, geht Sushi Hand in Hand mit Hamburgern, Jeans oder amerikanischen Zigaretten. Modische Nahrungsmittel werden in der Regel als »gesunde Nahrungsmittel« beworben. Sushi, bei dem großer Wert auf rohen Fisch von bester Qualität gelegt wird, ist da keine Ausnahme. Dagegen vermeidet die Reklame, die damit verbundenen Risiken zu erwähnen (zum Beispiel Bakterien und Schwermetalle). Welches Modegericht jemand bevorzugt, verrät ebenso viel über seine Persönlichkeit wie seine Kleidung und seine Wohnungseinrichtung. Wenn Menschen sich mit Gerichten und Weinen auskennen, die in Mode sind, gelten sie als Experten für fremde Kulturen und Länder. Es gibt dafür den Ausdruck »Nahrungssnobismus«.

Wer auf der sozialen Leiter an die Spitze gelangen will, muss den Geschmack von Kaviar, Schnecken und Artischocken *lieben gelernt* haben, denn sie sind obligatorische Elemente der »Haute Cuisine«. Wenn jemand an diesen Speisen Gefallen findet, verrät das etwas über seine Person. Ich werde nie das »Martyrium« vergessen, das ich einmal in Paris durchstehen musste, als ich bei Freunden zum Abendessen eingeladen war. Keiner der anderen Gäste (mit Ausnahme der Gastgeber natürlich) war je zuvor einem Georgier oder einer Georgierin begegnet. Als die Schnecken (!) serviert wurden, wurde ich beinahe ohnmächtig, aber ich verspürte eine gewisse Verantwortung für das Prestige meines Landes, also überwand ich mich. Ich weiß nicht mehr, wie, aber ich habe es geschafft, eine Schnecke herunterzuschlucken – nur erfolgreiche Sportler, die ihr Land bei den Olympischen Spielen repräsentieren, können denselben Stolz verspüren, den ich in diesem feierlichen Augenblick empfunden habe. Übrigens muss ich gestehen, dass die Escargots zu einem meiner Lieblingsgerichte geworden sind!

Ständig wechselnde Moden verlangen ständig nach Neuerungen. Es heißt, dass die andauernde Veränderung, die in unserem Leben stattfindet, dass einzige ist, was auf der Welt andauert. Auf der Suche nach etwas Neuem kann man auf ein lang vergessenes Nahrungsmittel aus der Vergangenheit stoßen, das sich plötzlich aus einer einfachen, traditionellen Speise für gewöhnliche Leute in ein modernes Gericht verwandelt, um dessen Zubereitung die nobelsten Restaurants der Welt konkurrieren. Eines der besten Beispiele dafür ist *Chili con carne*, ein Eintopfgericht aztekischer Bauern aus gekochten roten Bohnen und Hackfleisch, das seit alter Zeit gegessen wird. Ein derartiger bäuerlicher (oder manchmal auch proletarischer) »Chic« kann bisweilen eine Mode, vor allem eine kulinarische, erneuern.

Einige traditionelle oder erst in jüngerer Zeit erfundene Gerichte, die mit einem bestimmten Ort, einem Land oder einer Stadt verbunden sind und sogar zu ihren Symbolen werden, sind noch zu erwähnen. Das beste Beispiel ist für mich die in Berlin erfundene »Currywurst«: eine gewöhnliche Bratwurst mit Ketchup oder Mayonnaise, gewürzt mit indischem Curry, dazu Pommes Frites. Mit 950 Kalorien pro Portion (!) muss es für alle mit einem strengen Diätplan eine große Versuchung zu »sündigen« sein, und es ist weder besonders schmackhaft noch sieht es einladend aus. Ganz im Gegenteil, würde ich sagen!

Trotz ihrer Trivialität (oder vielleicht gerade wegen ihr) ist die Currywurst zu einem obligatorischen Accessoire der kulinarischen Mode Berlins geworden. Jeder isst sie, Reiche wie Arme, Menschen aus allen Gesellschaftsschichten. »Curry 195« ist der Name eines beliebten Lokals, das von den Kanzlern Helmut Kohl und Gerhard Schröder ebenso wie von dem berühmten Tennisspieler Boris Becker besucht wurde. Aber um den »Nahrungssnobs« zu gefallen und um Klassenunterschiede zu betonen (die sich besonders daran ablesen lassen, was und wie Menschen essen), gibt es einen besonderen Ort, an dem man dieses Gericht probieren oder einfach genießen kann. Darüber hinaus gibt es das Currywurst-Museum im Zentrum Berlins, wo Eintrittspreise zwischen 7 und 11 Euro verlangt werden. Das Museum ist immer voller Besucher, und die Eintrittskarten werden von Touristen aus aller Welt lang im Voraus gebucht.

In allen drei Berliner Opernhäusern und in der berühmten Philharmonie genießt das Publikum in der Pause gern eine süddeutsche *Brezel* und ein Glas Champagner. Man kann sich nichts Einfacheres oder weniger Extravagantes vorstellen als eine Brezel, und doch ist sie zu einem Symbol geworden.

Andererseits sind die Kartoffeln aus der Neuen Welt in die Alte gelangt und haben dort noch einmal einen langen Weg zurückgelegt – aus einer modischen, extravaganten und fremden Delikatesse ist eine gewöhnliche Alltagskost geworden. Jahrzehntelang wurden sie nur in den Gärten (!) von Adligen und königlichen Familien gezogen. Erst im achtzehnten Jahrhundert wurden sie vom Preußen Friedrichs II. zu einer Volksspeise gemacht; später verbreiteten sie sich nach Polen (das unter preußischem Einfluss stand), Böhmen und Russland. Man sagt, die Einführung der Kartoffeln in die deutsche Küche sei ein viel wichtigeres Ereignis gewesen als alle großen militärischen Siege Friedrichs des Großen zusammengenommen.

Die Bedeutung der Nahrung als Kulturgut ist unbestritten. Lange Zeit dachte man bei dem Wort *Nachmittagstee* an England, wo diese »Mahlzeit« einst eine Institution war.

Wenn man über kulinarische Moden und Ernährungsgewohnheiten spricht, muss einer der mächtigsten französischen Herrscher Erwähnung finden, Ludwig XIV., der als »Sonnenkönig« in die Geschichte eingegangen ist. Ein paar Anhaltspunkte mögen genügen, um eine Vorstellung davon zu vermitteln, wie Frankreich und insbesondere Paris seit dem siebzehnten Jahrhundert zu einem Mekka der Mode und Eleganz wurde.

Zwar gilt ein Kaffehaus (*Kiva-Han*), das 1475 in Konstantinopel eröffnet worden sein soll, als das erste Café, aber ein Café, in dem Kaffee zum ersten Mal zusammen mit Kuchen in einer sehr eleganten Umgebung serviert wurde, ist auf Wunsch des Sonnenkönigs 1675 eröffnet worden. Zwei andere modische Neuerungen aus dieser Zeit waren das beliebte Dessert *Crème brulée* und der erste Schaumwein, hergestellt von *Dom Pérignon* im Jahr 1670. Seitdem hat sich viel verändert und es ist viel Champagner durch die Kehlen der Menschen geflossen, aber Paris ist immer noch unangefochtene Hauptstadt des guten Geschmacks.

Was in einer Gesellschaft akzeptabel ist, gilt womöglich in einer anderen als schockierend. Ein Beispiel dafür ist das Füttern eines Gastes mit der Hand, das in manchen Ländern Mittelasiens das Zeichen höchster Gastfreundschaft ist. Man stelle sich den Gesichtsausdruck eines Gastes in Amerika oder Europa vor, der so behandelt worden wäre. Solche kulinarischen Vorlieben kennzeichnen verschiedene Gesellschaften – was in der einen als Delikatesse gilt (etwa Hundefleisch oder Ameisen), ist in anderen verpönt.

Zu den Merkmalen unserer Zeit gehört, dass das Wirtschaftsleben stark vom Massenkonsum abhängig ist. Daher ist es unbedingt notwendig, so viele Konsumenten wie möglich anzulocken. Wenn man bedenkt, dass Nahrung ein Grundbedürfnis der Menschen ist, versteht man, warum so viele neuartige Reize entdeckt oder erfunden und dann umgesetzt werden müssen, damit eine Speise wettbewerbsfähig bleibt und Konsumenten anzieht. Ein wichtiger

– oder besser entscheidender – Aspekt dabei ist das *Food Design*. Es ist keineswegs etwas Neues, sich um die Schönheit oder Originalität bestimmter Gerichte zu bemühen. Ein Kuchen in Gestalt eines Schweins, der in Pompeji gefunden wurde, ist ein perfektes Beispiel dafür. Aber alles daran zu setzen, ein möglichst originelles Gericht zu erschaffen, ist nicht bloß eine Marotte eines einzelnen Kochs, sondern ein »Muss« für unsere heutige Kochkunst. Jeder von uns, der die tägliche Kocharbeit verrichtet, ist in gewissem Sinne ein Food Designer. Design scheint sogar noch wichtiger zu sein, wenn es um Festmähler geht. Ein wesentliches Merkmal jeder Landesküche ist, wie die Gerichte serviert werden, und die Art der Präsentation ist beinahe so verschiedenartig wie die »Nationalgerichte«. Die Moden der Präsentation wechseln ebenso schnell wie all die anderen Elemente der Küche. Die größte Herausforderung besteht hier darin, der Mode zu folgen und dabei innerhalb der Grenzen der nationalen Kultur zu bleiben.

Die kulinarische Mode der Zeit nach dem Zweiten Weltkrieg bestand in der *Ästhetik des Überflusses*: eine große Portion eines Gerichts auf einem großen Teller (meist begleitet von einer beträchtlichen Menge Kartoffeln und großen Stücken Brot). Das war vielleicht eine natürliche Reaktion auf die Entbehrungen, die man während des Krieges erdulden musste. Es dauerte Jahrzehnte, bis sich diese Einstellung zur Nahrung änderte. Die heutige Nahrungsmode beruht auf der *Ästhetik der Eleganz*. Folglich sind die Portionen erheblich geschrumpft. Dieser Trend hat einige neue Berufe entstehen lassen.

Food Design ist einer der beliebtesten und schicksten Berufe im heutigen Europa geworden. In heutigen Medien gibt es nicht nur zahllose Sendungen über Kochkunst, Kochwettbewerbe und Koch-Shows, die von herausragenden und beliebten Küchenchefs zelebriert werden, es werden auch die kulinarischen Wunder bestaunt, die von Food Designern vollbracht werden. Diese zu genießen, ist ein ziemlich teures Vergnügen. Gleichzeitig sind alle guten Köche auch Food Designer – es geht ihnen um Speisen und ihre Präsentation.

Foodstylisten arbeiten in verschiedenen Bereichen. Wenn mit bewegten oder unbewegten Bildern Werbung für bestimmte Produkte großer Firmen gemacht wird, erfinden sie unzählige Methoden, diese Speisen attraktiv und appetitlich aussehen zu lassen. Sie verwenden Werkzeuge und Materialien, die von kleinen Pinzetten und Skalpellen bis zu Haarspray und Nagellack reichen, sogar Motorenöl kommt zur Anwendung. Tatsächlich sieht geschmolzene Schokolade auf Fotografien erst so richtig einladend und »köstlich« aus, wenn sie durch Motorenöl ersetzt wird.

Der Beruf des Fotografen ist untrennbar mit dem Food Design verbunden. Das Bedürfnis, ein gutes Foto von den »Stillleben« zu machen, die ein Food Designer erschafft, ließ einen neuen Trend in der Fotografie entstehen, der *essbare Kunst* genannt wird. Dieser neue Trend kennt Spezialisten, die Meisterwerke aus verschiedenen Nahrungsmitteln gestalten.

Jedes Mal, wenn ich Georgien besuche, lassen mich meine Freunde neue Gerichte probieren, die die zunehmende Beliebtheit ausländischer Küchen beweisen: Einmal wurde ich mit mexikanischem Salat bewirtet, ein anderes Mal mit einem spanischen Kalbssteak. Um die Wahrheit zu sagen, war beides nicht wirklich mexikanisch oder spanisch, wenn ich die kulinarischen Gepflogenheiten dieser Länder richtig einschätze. Für mich schmeckten beide Gerichte sehr georgisch, wegen der Gewürze, die ihnen hinzugefügt wurden. Nur ihre Namen klangen ausländisch, modisch und deshalb attraktiv und verführerisch. Solche Vorlieben sind keineswegs unvereinbar mit der Loyalität gegenüber traditionellen Gerichten. Wie viele Besucher Georgiens zu Recht festgestellt haben, ist dies lediglich die Neigung der Georgier, alles Modische und Neue zu versuchen. Im Wesentlichen bleibt alles, wie es ist, auch wenn die Zeit ständige Veränderungen der Form verlangt. Es sind diese Veränderungen, die wir »modern« nennen. Jede neue Modeerscheinung ist ein Zeichen, dass sich die Zeiten ändern, aber die Veränderung der Form macht es möglich, dass das Wesen unverändert bleibt.

Die Welt ist klein

Der 2. November 1492 ist ein Datum, das in der Geschichte der Menschheit so wichtig ist wie kaum ein anderes. Es ist der Tag, an dem die Schiffe des 41 Jahre alten Christoph Kolumbus Kuba erreichten. Zwei seiner Matrosen gingen an Land und kamen mit Tabak und Mais zurück. Sie nannten den Mais »indisches Korn«, weil Kolumbus zu dieser Zeit überzeugt war, an die Westküste Indiens gelangt zu sein. Die Produkte aus der Neuen Welt, also von Mittel- und Südamerika, veränderten das Leben in der Alten Welt vollkommen. Der Besitz dieser neuen Produkte und ihr Anbau unter neuen und günstigen Bedingungen stellten die technologischen Fähigkeiten und die Raffinesse einer Nation zur Schau. Damals gingen Handel und Wissenschaft Hand in Hand, und die Botanik galt als die »große Wissenschaft« ihrer Zeit.[59]

Das Ergebnis des »kolumbischen Austausches« von Nahrungspflanzen zwischen der Alten und der Neuen Welt war, dass Weizen, Zucker, Reis und Bananen nach Westen wanderten, während Mais, Kartoffeln, Tomaten, rote Paprika und Schokolade sich nach Osten bewegten.

Christoph Columbus

Mais muss über die Türkei nach Georgien gelangt sein. Die Verbreitung von Mais im Osmanischen Reich, in den Küstenregionen des Schwarzen Meers, förderte die Beliebtheit von Mais in Georgien. In Westgeorgien, das damals unter dem Einfluss der Osmanen stand, ist Mais bis heute ein substanzieller Teil des täglichen Speiseplans.

Bevor es Mais gab, aßen die Westgeorgier hauptsächlich *Kolbenhirse* (Setaria italica). Diese Pflanze wurde seit Langem dort angebaut und war die Hauptquelle von Kohlenhydraten. Aber es war nicht leicht, diese Hirse zu kultivieren; sie verlangte sehr viel mehr Arbeit als Mais. Ihre Ersetzung durch Mais war daher kein schmerzhafter Prozess. Getreidebrei aus Kolbenhirse wurde im Georgischen *Ghomi* genannt; daher heißt das Porridge aus Mais jetzt ebenfalls *Ghomi*, während Maisbrot mit dem Wort *Mtschadi* bezeichnet wird. Auf dem Land wird es manchmal auf einer *Kezi* (einer Tonpfanne) gebacken oder manchmal direkt auf einem heißen Stein, der mit heißer Holzkohle bedeckt wurde, während man in den Städten in gewöhnlichen Pfannen oder im Ofen bäckt.

Pater Don Giuseppe Giudice vom Orden der Theatiner aus Mailand besuchte 1631 gemeinsam mit Arcangelo Lamberti Westgeorgien (Kartli). 1633 zogen sie weiter in die westgeorgische Region Megrelien, über die Giudice schrieb: »Sie haben weder Brot noch Fleisch noch Weizen. Selbst wenn es Weizen gibt, ist er nur in geringen Mengen verfügbar. Wenn sie jemandem ein schönes Geschenk machen wollen, schicken sie ihm einen Laib Weizenbrot. Die Bevölkerung von Megrelien isst hauptsächlich Maisbrei (genannt *Ghomo*) statt Brot. Er ähnelt dem italienischen *Panigo*: Sie kochen die Körner in Wasser, bis sie sich auflösen und zu einem Brei werden. Dann wird der Brei fest und kann gegessen werden.«[57]

Wie bei der italienischen Polenta wird manchmal Käse in den gekochten Brei eingerührt, bis er schmilzt. Dieser Käse ist hauptsächlich megrelischer *Ssulguni*, der Fäden zieht. Diese Variante des Gerichts wird *Elardschi* genannt. Um den Ursprung dieses Namens zu erklären, erzählen die Megrelier gern folgende Anekdote: Einmal erhielt der megrelische Prinz Lewan Dadiani Besuch von seinem Schwiegersohn Achille Murat aus Frankreich. Ihm wurde das Gericht serviert. Nachdem er davon probiert hatte, zog der *Ssulguni* die üblichen Fäden, und der Gast rief auf Französisch aus: »Comme c'est large!«, womit er meinte, der Bissen sei zu groß für seinen Mund. Die Megrelier dachten, dies sei der französische Name des Gerichts und übernahmen ihn als Bezeichnung dafür ins Georgische.[58]

Die Geschichte des Maises

Zea Mays

Mais (auch Kukuruz, Welschkorn oder Türkischer Weizen genannt) wurde zuerst vor etwa 9 000 Jahren im Tal des Río Balsas in Mexiko angebaut. Ursprünglich war er die Hauptnahrung der Azteken und der Mayas. Später gelangte er aus Zentralmexiko nach Peru und dann in die anderen Länder Mittel- und Südamerikas. Als er die Alte Welt erreichte, wuchs sein Ruhm so schnell, dass seine Herkunft schnell vergessen war. Die Spanier verbreiteten den Mais an den Küsten des Mittelmeers, die Venezianer brachten ihn in den Nahen Osten, von wo aus er den Balkan, Frankreich, England und die Niederlande erreichte.

Eine Zeitlang nannte man ihn in Russland *Türkischer Weizen*, in Frankreich hieß er *Spanisches Korn*, und für die Türken war er *ausländisches Korn.*[56] Offensichtlich gedieh der Mais beinahe überall: im Hochland und im Tiefland, an den Mittelmeerküsten und in China, in Afrika und auf den Pazifischen Inseln. Er wuchs gut auf Böden, die zu feucht für Weizen und zu trocken für Reis waren, er erzielte einen größeren Ertrag im Verhältnis zur benötigten Anbaufläche und zur eingesetzten Arbeit als jedes andere Getreide und er erwies sich als die beste Versicherung gegen Hungersnöte.

Mais wird in vielen Ländern zur Zubereitung unterschiedlicher Gerichte verwendet. In den Vereinigten Staaten wird aus gemahlenem Mais und Wasser ein Getreidebrei gekocht. In Brasilien wird aus frischem Mais und Milch ein Brei hergestellt, in die Hüllblätter der Maiskolben eingewickelt und zu Klößen verarbeitet, die *Pamonha* genannt werden. In Italien fügt man dem Maismehl etwas Milch, Butter und geriebenen Käse hinzu und kocht daraus Polenta. In Rumänien und Bulgarien wird Maisbrei *Mamaliga* genannt, in Afrika *Ugali* oder *Fufu*. Es werden auch Puddings aus Mais hergestellt. Getreidebrei und Nudeln aus gemahlenem Mais sind in Asien beliebt.

Die Geschichte der Tomate

Solanium licomersicum

Die Tomate war ein weiteres Geschenk aus der Neuen Welt. Es überrascht nicht, dass Spanien die erste neue Heimat für die Tomate in Europa wurde, weil Kastilien das Monopol im Handel mit Erzeugnissen aus der Neuen Welt innehatte. Es dauerte eine Weile, bis die Tomate bei der Bevölkerung der Alten Welt eine allgemein geschätzte Frucht wurde.

Wilde Tomaten wuchsen in Südamerika, Peru und Bolivien, von wo aus sie sich nach Mittelamerika und Mexiko verbreiteten. Wissenschaftler nehmen an, dass die Tomate vor etwa 2 000 Jahren kultiviert worden ist. Sie war ein Grundnahrungsmittel für die Azteken, die sie *tomatl* nannten.

Man geht davon aus, dass die Pflanze zunächst von Spanien nach Italien gelangte und dort tiefe und dauerhafte Wurzeln schlug. Das italienische Klima, das dem von Mittelamerika recht ähnlich ist, erwies sich als sehr günstig für diese amerikanische Pflanze. Einigen Wissenschaftlern zufolge könnten die ersten Tomaten, die nach Italien eingeführt wurden, eine gelb-orange Varietät gewesen sein.[59] Das würde die frühe Bezeichnung »Goldener Apfel« (*pomo d'oro*) erklären, die der Frucht ungefähr zur selben Zeit verliehen wurde, als sie auch *pomo d'amore* oder *pomme d'amour* (»Liebesapfel«) genannt wurde. Ob es an dem Ruf lag, der ihr aufgrund ihrer romantischen Namen vorausging, oder ob aus anderen Gründen – sie ist jedenfalls zu einem außerordentlich beliebten Nahrungsmittel geworden.

Seltsamerweise gelangte die Tomate, trotz ihrer mexikanischen Herkunft, erst im neunzehnten Jahrhundert über Europa nach Nordamerika. Es dauerte einige Zeit, bis man sie für essbar hielt, da die Amerikaner überzeugt waren, sie sei giftig. Es gibt viele amüsante Geschichten über die Tomate. Ein amerikanischer Oberst, Robert Gibson Johnson (1771-1850), wurde von einem Arzt vor dem Verzehr von Tomaten gewarnt, da sie sein Blut in Essig verwandeln würden. Trotz dieser Warnung aß Johnson vor Hunderten seiner erschrockenen Landsleute einen ganzen Korb voller Tomaten. Es ist nicht bekannt, wie sein Leben sich fortsetzte, aber eines ist sicher: Nach seiner »heroischen« Tat stand der Popularität der Tomate nichts mehr im Wege.

Im sechzehnten Jahrhundert verbreitete sich die Tomate sehr schnell über das riesige Territorium des Osmanischen Reichs. Es ist anzunehmen, dass sie von den Osmanen nach Georgien eingeführt wurde.

Das georgische Klima war tatsächlich sehr günstig für den Anbau von Tomaten, und die Pflanze wurde ohne weiteres angenommen. Einmal besuchte ich unsere italienischen Freunde, die vier Jahre in Georgien verbracht hatten. Als ich eine Tomate kostete, die sie in ihrem Küchengarten gezogen hatten, rief ich erstaunt aus, ich hätte noch nie in meinem Leben eine so köstlich schmeckende Tomate gegessen. Die Gastgeber lachten und sagten zu mir, ich solle mich schämen, denn was ich gekostet hätte, sei eine georgische Tomate gewesen. Wenn man die beinahe »chauvinistische« Einstellung der Italiener zu dieser Pflanze bedenkt, dann muss das wohl das höchste Lob sein, das einer georgischen Tomate zuteilwerden kann.

Heute ist die Ernährung der Weltbevölkerung ohne diese magische Frucht unvorstellbar, deren größte Produzenten China, die USA und die Türkei sind.

Mtschadi und Bohnen

Am 4. November 1492, wenige Tage nachdem er den Mais entdeckt hatte, war Christoph Kolumbus, als er die Bohnenfelder von Kuba beobachtete, verblüfft über den Unterschied zwischen der einheimischen Pflanze (*faxones y fabas*) und der spanischen Varietät. Es wurden auch viele Hülsenfrüchte und verschiedene Bohnenarten in Europa und dem westlichen Teil Asiens angebaut, aber die Bohnen der Neuen Welt (*Phaseolus vulgaris*) stellten sich als etwas recht Unterschiedliches heraus. Mais und Bohnen waren das Hauptnahrungsmittel der Bevölkerung von Mittel- und Südamerika. In der Guitarrero-Höhle, die in den peruanischen Anden liegt, wurden 8000 Jahre alte Überreste von einheimischen Bohnen gefunden. Die Wichtigkeit dieses Nahrungsmittels für die Mexikaner kann nicht hoch genug eingeschätzt werden.

Soweit man heute weiß, hat es in Georgien Bohnen und Mais seit der zweiten Hälfte des sechzehnten Jahrhunderts gegeben. Nach und nach hat der Mais den *Ghomi* ersetzt und die Bohnen traten an die Stelle der Linsen, die seit dem Neolithikum bekannt waren. Zunächst wurden die Bohnen »Osmanische Speise« genannt. Die sechs gurischen Bohnenarten, die in Georgien weit verbreitet sind, werden im Persischen *Lubia* genannt (der georgische Name für diese Hülsenfrucht, *Lobio*, muss von diesem persischen Wort herstammen). Aber wenn die Pflanze von den Persern eingeführt worden wäre, wäre sie zuerst im Osten Georgiens verbreitet gewesen und nicht im Westteil des Landes. Ihr ursprünglicher Name (»Osmanische Speise«) und das Verbreitungsgebiet beweisen, dass diese Hülsenfrucht von den Osmanen ins Land gebracht wurde.[60]

»Wir haben Bohnen mit Petersilie, Basilikum, Koriander, Lauch sowie Salz und Pfeffer gewürzt. Alle diese Zutaten wurden zerstoßen und zu den gekochten Bohnen gegeben. Dann bereiteten wir eine spezielle Sauce zu, *Katschabe*, gewürzt mit zerstoßenem blauen Bockshornklee, Kreuzkümmel, Koriandersamen, Ringelblumen, imeretischen Ringelblumen, Salz, Knoblauch und Walnüssen. Manche gaben noch etwas Minze dazu. Diese Mischung mit Minze wird meist bei der Käseherstellung verwendet.« (Gwadsi Wekua, 120 Jahre alt, aus dem Dorf Sawekuo)[61]

So wurden die alten Produkte der Neuen Welt zu den neuen Produkten der Alten Welt.

Einmal hatten wir Besucher aus Mexiko in unserer Berliner Wohnung. Ich servierte ihnen die berühmten georgischen Gemüsegerichte (*Mchalis*) und grob zerstampfte Bohnen, zubereitet nach dem obigen Rezept. Dazu gab es Maisbrote (*Mtschadis*) und scharfen Peperoni-Relish (*Adschika*). Zunächst dachten meine Gäste, ich hätte ihnen zu Ehren ein mexikanisches Gericht zubereitet. Aber als ich ihnen sagte, dass es zwar ursprünglich mexikanisch war, aber dass die Bevölkerung Westgeorgiens keinen Tag ohne diese drei Produkte überleben könne, konnten sie es kaum glauben.

Eine solche Ähnlichkeit kann nicht bloß Folge der Nahrungsverbreitung sein, da Mexiko und Georgien keine benachbarten Länder sind und auch niemals Teile desselben großen Reichs waren. Die einzige Erklärung ist die Theorie der *Spontankreation* eines Gerichts an zwei verschiedenen Orten. Das wäre nicht weiter bemerkenswert, wenn es nur ein einziges Gericht betreffen würde, aber die Existenz mehrerer Gerichte mit denselben Hauptzutaten in geographisch, kulturell und linguistisch so weit entfernten Ländern ist ein außerordentlicher Fall, für den sich ohne tiefergehende Untersuchung keine zufriedenstellende Erklärung anführen lässt.

Übrigens wissen alle meine Freunde, das kostbarste Geschenk, das sie mir hier in Berlin machen können, ist georgisches Maismehl, das sich stark von dem unterscheidet, das man in Europa finden kann.

Tonfiguren. Kulturen des westlichen Mexiko. Viertes Jahrhundert v. Chr. bis zehntes Jahrhundert n. Chr.

Das Abenteuer des Truthahns

Ihr ersten Eltern der menschlichen Rasse, die ihr euch für einen Apfel ruiniert habt, was hättet ihr wohl für einen getrüffelten Truthahn getan?« Diese Worte stammen vom französischen Schriftsteller, Philosophen und großen Gastrosophen Jean Anthelme Brillat-Savarin (1755-1826). Wer weiß, vielleicht hätte er diese witzige Bemerkung etwas abgewandelt, wenn Brillat-Savarin die Gelegenheit gehabt hätte, andere Truthahngerichte zu probieren, insbesondere *Saziwi*, die kostbarste Perle der georgischen Küche, die den »georgischen Geschmack« in Vollendung verkörpert.

Übrigens ist die Verbindung von Fleisch und Früchten (in unserem Fall Walnüssen) in der persischen Küche seit alter Zeit bekannt. Einige bekannte Gelehrte bringen diese Tatsache mit dem Kaukasus und insbesondere mit Georgien in Verbindung.

»In der *Haute cuisine* der traditionellen persischen Kultur gab es eine sehr starke Tradition, Fleisch zusammen mit Früchten und aus Früchten gewonnenen Zutaten, darunter Walnüsse zu verwenden. Diese Frucht/Fleisch-Kombinationen lassen sich bis in die vorislamische Zeit zurückverfolgen, und das nicht nur im Iran selbst, sondern auch in Mittelasien und den kaukasischen Kulturen. Eher archaische Relikte dieser Tradition finden sich noch bei den Armeniern und insbesondere bei den Georgiern«, sagt der österreichische Iranist Bert Fragner.[62]

»Walnüsse und andere Nüsse in Fleischgerichten zu verwenden, war im Persien der Sassaniden beliebt. Von den Persern lernten auch die Araber den Trick – wie es vor ihnen die Römer getan hatten –, gemahlene Mandeln, Wal-

Truthahn. Merab Abramischwili.

nüsse und Pistazien zu verwenden, um süße und würzige Gerichte gleichermaßen anzudicken. Die Araber übernahmen ebenso wie die Perser Fleischrezepte aus dem Kaukasus.«[63]

Ich habe keine Kenntnis eines traditionellen armenischen Gerichts mit einer Walnuss-Fleisch-Kombination, aber ich kenne den Schatz der persischen Küche, das berühmte *Fesendschān*, das ursprünglich nur aus dem Fleisch von Flugenten zubereitet wurde. Neben Geflügel werden in diesem Gericht Walnüsse und saurer Granatapfelsaft verwendet. Es wird mit gekochtem Reis gegessen, der mit Safran gewürzt ist. Aber das klassische *Fesendschān* enthält keine getrockneten Gewürze, auch wenn wir klassischen Rezepten mit der iranischen Gewürzmischung *Advieh* begegnen, auf die ich später noch zurückkommen werde.

Eine der Varianten des berühmten indischen Huhns mit Curry ist eine »Kreation«, die zur selben »Gattung« gehört wie *Saziwi*. Es ist bekannt, dass die indische Küche sehr alt, reich und vielfältig ist und sich von Region zu Region stark unterscheidet. Das lässt sich nicht bloß dadurch erklären, dass Indien ein riesiges Land ist, mit einer Vielzahl gesprochener Sprachen und ethnischer Gruppen. Auch die historischen Einflüsse, denen das Land ausgesetzt war, sollten berücksichtigt werden. Die entfernte Ähnlichkeit zwischen indischem Huhn mit Curry und georgischem *Saziwi* beruht hauptsächlich auf der großzügigen Verwendung von Gewürzen; was die Gerichte jedoch unterscheidet, ist die beträchtliche Menge von Walnüssen im georgischen Gericht.

Man begegnet nur selten einer Curry-Variante mit Mandeln. Die saure Zutat in der indischen Küche ist hauptsächlich Joghurt. Das indische Curry ist eine vegetarische oder nicht-vegetarische (mit Fleisch, Geflügel oder Fisch zubereitete), gut gewürzte, sämige Soße. Sein Name leitet sich von der englischen Schreibweise des tamilischen Worts für »Sauce« ab. Es gibt so viele Varianten und Rezepte für Curry, dass es eher ein »Konzept« zu sein scheint als ein spezielles Gericht. Wir werden auf die große Vielfalt der Gewürze, die im Curry Verwendung finden, später noch eingehen; aber ein Detail sollte gleich hervorgehoben werden: Die Inder rösten im Gegensatz zu den Georgiern ihre Gewürze an, bevor sie sie in ihren Gerichten verwenden, weil sie der Überzeugung sind, dass Gewürze nur durch Anrösten ihr volles Aroma entfalten können.

Wenn wir weiterreisen, etwa in die andere Hemisphäre – die Heimat des Truthahns –, werden wir ein anderes Gericht entdecken, *Mole poblano* mit Truthahn, eines der wichtigsten Gerichte der Mexikaner, das, berücksichtigt man die Gattung, auch als entfernter Verwandter des georgischen *Saziwi* gelten könnte. *Mole* ist eine Sauce, und Truthahn *Mole poblano* wird mit Mandeln zubereitet und mit den wichtigsten Zutaten der georgischen Küche gewürzt: Koriander und rotem Pfeffer. Seinen unvergleichlichen Geschmack verdankt es jedoch der Schokolade, die aus Mexiko stammt. Wenn ich von den Gemeinsamkeiten dieser Gerichte und ihrer »Gattung« spreche, meine ich ihre strukturelle Ähnlichkeit: sie werden alle mit Geflügel zubereitet, die Sauce wird entweder mit Mandeln oder Walnüssen angedickt, und die säuerlichen Zutaten sind Granatapfelsaft, Essig oder Joghurt. Fast alle von ihnen sind gewürzt und haben eine ähnliche, zeitaufwendige Zubereitungstechnik. Die Küchen Indiens und des Nahen Ostens setzen – anders als die Chinas – einen langsamen Kochvorgang voraus. In der chinesischen Küche wird alles auf großer Flamme und sehr schnell zubereitet.

Kommen wir nun auf die »Hauptfigur« des *Saziwi* zurück, den Truthahn, und wie er sich von seinem Ursprungsland aus verbreitet hat.

Reay Tannahill schreibt, dass »der Vogel aus der Neuen Welt Europa 1523-24 erreicht zu haben scheint und kurze Zeit später nach England gekommen ist«.[64]

Der Truthahn wurde von einem jungen Mann namens William Strickland (1483-1557) nach England gebracht. Er war Mitglied einer Expedition, die die Nordwestküste Indiens zum Ziel hatte, aber stattdessen Mexiko erreichte. Auf seinem Rückweg wurde er gebeten, sich um ein neuartiges Federvieh zu kümmern, das aus der Neuen Welt importiert werden sollte. Es gelang ihm, die Truthähne wohlbehalten nach England zu bringen, und er führte seitdem das Bild des Vogels in seinem Wappen. Das erste »Portrait« des Truthahns entstammt übrigens auch seiner Feder: die Zeichnung, die als Entwurf für sein Wappen diente, wird im College of Arms in England aufbewahrt und trägt den Titel »Ein Truthahn in seinem geziemenden Stolz«.

Der eigentliche – mexikanische – Name des Truthahns ist *uexolotl.* Dem Wörterbuch Webster's zufolge ist das englische Wort *turkey* für diesen Vogel das Ergebnis der folgenden Verwirrung: Zunächst nannten die Engländer das aus Afrika stammende Perlhuhn *turkeycock*, weil diese Vögel von türkischen Händlern nach Europa gebracht worden waren, lange vor dem Truthahn. Später, als der Truthahn im sechzehnten Jahrhundert aus Mexiko importiert wurde, erinnerte er an das Perlhuhn, also nannten die Engländer ihn ebenfalls *turkeycock.*

Allgemein herrschte in Europa große Verwirrung über den Namen des Vogels. In manchen Ländern zog man es vor, ihn nach seinem Ursprungsland zu taufen; so nannte man ihn in Frankreich unter anderem *coq d'Inde* (»Hahn aus Indien«), was später zu *dindon* deformiert wurde. Die Deutschen glaubten ebenfalls, sein Heimatland sei Indien und nannten ihn *Indianische Henne.* Etwas später jedoch wagten die Deutschen und die Skandinavier sich weiter vor und nannten den Vogel *Calecutischer Hahn* (»Hahn aus Kalikut«), zu Ehren der Stadt an der Südwestküste Indiens, die bekannt ist für ihren schwarzen Pfeffer. Aber die Engländer nannten ihn, wie die Ägypter, weiterhin *turkey.* Als wären all diese Namen noch nicht genug, nannten die Türken ihn *Hindi,* und in Indien wurde der Vogel als *Peru* bekannt, ein Name, der Mexiko geographisch immerhin erheblich näher kam als die Bezeichnungen, die ihn mit Indien oder der Türkei in Verbindung brachten.

In anderen Teilen der Welt leitet sich der Name des Vogels nicht von seiner Heimat her; die Bulgaren zum Beispiel nennen ihn *Puijka*, die Serben *Curka* oder *Trutak*, während er für die Chinesen ein *Huoji* ist, was »feuriges/wütendes Huhn« bedeutet.

Die Perser nennen den Truthahn *Bughalamun*; früher nannten sie ihn wegen seiner Größe *Filmurgh* oder »Elefantenvogel«. In Griechenland ist der Truthahn als *Galopoúla* (»Französisches Huhn«) bekannt.

Obwohl man nun seit Jahrhunderten weiß, dass der Vogel mexikanischen Ursprungs ist, hat die Gerechtigkeit doch nicht den Sieg davongetragen und der Vogel hat keinen neuen Namen bekommen. Die Geschichte der Menschheit kennt viele solcher »Fehler« mit Namen. Einer der bekanntesten betrifft die sogenannten *arabischen Ziffern*, die ursprünglich in Indien erfunden und benutzt wurden. Der »einzige« Beitrag der Araber bestand darin, sie nach Europa gebracht zu haben.

Die Geschichte der Einführung des Truthahns nach Georgien wird von Platon Iosseliani erzählt. Aus Anlass der Beschreibung einer Episode betreffend König Giorgi XII. nennt der Autor das genaue Jahr und den Tag, an dem der Vogel in Georgien angekommen ist, und erzählt, wie er seinen Namen erhalten hat:

»Am 25. Dezember 1800, als der Gottesdienst in der Kirche vorüber war, erhielt der König die Nachricht, dass einige seltsame indische Vögel nach Tiflis gebracht worden seien. Der König verlieh seinem königlichen Wunsch Ausdruck, sie zu sehen. … Als die Männer, die sie gebracht hatten, pfiffen, färbten sich die kahlen Köpfe der Hähne rot, sie spreizten ihre Schwanzfedern und machten ein sehr seltsames Geräusch. Der überraschte König erfuhr, dass das Fleisch der Vögel köstlich sei. … ›Gott verhüte, dass ich es je probiere!‹, sagte der König und bekreuzigte sich. Die indischen Hühner sind seitdem in Georgien berühmt und erhielten den Namen Indouri ›Inder‹.«[65]

Es herrscht eine große Verwirrung über den Namen und das Datum der Ankunft des Vogels in Georgien. Lange vor Platon Iosseliani erwähnt Prinz Wachuschti Bagrationi den »indischen Vogel« in seinem Werk »Beschreibung des Königreichs Georgien«, geschrieben 1442-45. Die Tatsache, dass der

Vogel den Georgiern schon lange bekannt war, wird auch von Sulchan-Saba Orbeliani und dem bekannten Reisenden und Gelehrten Johann Anton von Güldenstädt (1771-73) bestätigt.[66]

Wie immer es sich verhalten haben mag – der Truthahn war den Georgiern jedenfalls sehr willkommen und wurde hoch geschätzt (im doppelten Sinn dieses Wortes). Er wurde zum Zentrum ihres quasi-rituellen Gerichts *Saziwi*, das eine »kleine Nationalflagge« für sie ist.

Die Geschichte des Safrans

Crocus sativus L.

Safran ist ein sehr teures Gewürz, das in der Medizin, der Parfümherstellung und sogar in der Textilindustrie als natürliches Farbmittel verwendet wird.

Seine Herkunft und die Herkunft seines Namens sind in der Forschung noch immer umstritten. Einige behaupten, der Name leite sich vom arabischen *Zafaran* her, andere meinen, er käme vom persischen *Zaafaran*, während wieder andere seinen Ursprung im hebräischen *Sahafaran* sehen. In jedem Fall handelt es sich um ein Wort für die Farbe Gelb.

Als Geburtsorte dieses Gewürzes, das später auf Kreta kultiviert wurde, gelten Vorderasien und die Mittelmeerländer. Das älteste überlieferte Bild der Safran-Pflanze, das auf die Bronzezeit zurückgeht, fand man auf einer Wand des Palastes von Knossos auf Kreta. Wir begegnen ihrem Namen in einem assyrischen Text über Botanik, der im siebten Jahrhundert v. Chr. während der Regierungszeit des Königs Assurbanipal verfasst wurde. Die Sumerer kannten das Gewürz bereits vor fünftausend Jahren. Herodot und Plinius der Ältere haben die Qualität des assyrischen und babylonischen Safrans hervorgehoben. Es wird auch die Auffassung vertreten, dass die Sumerer den Safran aus den Mittelmeerländern importiert hätten (Gernot Katzer). Im antiken Persien wurde Safran aus Derbena und Isfahan bei religiösen Ritualen, in Speisen und zu medizinischen Zwecken verwendet. Alexander der Große heilte seine Wunden mit Hilfe von Safran-Bädern. Mit Safran gefärbte Kleidung zu tragen und ihn zum Kochen zu verwenden, zeigte im antiken Rom und in Indien Wohlstand an. Zu Ehren Neros wurden die Straßen Roms mit Safran bestreut. Um das Jahr 960 n. Chr. kultivierten die Araber Safran in Spanien, das bis heute der größte Safran-Produzent Europas geblieben ist. Man nimmt an, dass Safran im dreizehnten Jahrhundert von Kreuzfahrern nach Italien, Frankreich und Deutschland eingeführt wurde, die die Knollen aus Kleinasien mitgebracht hatten. Schon im ersten Jahrhundert vor Christus warnte Plinius der Ältere davor, Safran sei die am häufigsten gefälschte Handelsware. Seit jeher hat sein außerordentlich hoher Preis zur Fälschung des Produkts durch verschiedene billige Ersatzstoffe geführt – durch gefärbte Wachspartikel, Weidenwurzeln, und manchmal durch die Blätter der Ringelblume, die bei uns so gut bekannt sind. In der deutschen Stadt Nürnberg wurde 1358 eine strenge Untersuchung des angebotenen Safrans auf etwaige Fälschungen hin angeordnet; es kam sogar zu Hinrichtungen der Betrüger. Es heißt, die Pflanze sei gegen Ende des vierzehnten Jahrhunderts nach England geschmuggelt worden. In England glaubte man, Safran habe neben anderen wertvollen Eigenschaften die Fähigkeit, bei denen, die ihn verzehrten, Optimismus hervorzurufen. Das Jahr 1670 markiert den Höhepunkt des medizinischen Gebrauchs von Safran. In diesem Jahr veröffentlichte Johann Ferdinand Hertodt (1645-1725) in Jena ein Buch namens *Crocologia*, in dem er den Safran als ein Allheilmittel preist, das jede Krankheit kuriert, von einfachen Zahnschmerzen bis zur Pest.

Der Safran (*Crocus sativus*) ist eine bläuliche Blume. Jede Blüte hat einen sich in drei Narben verzweigenden Griffel, und diese Narben werden von Hand gepflückt, wenn die Blume blüht. Die Ernte beginnt dann sofort, denn die Zeit der Blüte dauert oft nur fünfzehn Tage. Die Narben werden früh am Morgen geerntet, wenn die Blüte sich zu öffnen beginnt. Beim Trocknen, das entweder in der Sonne oder durch künstliche Wärme geschieht, verlieren die Narben etwa achtzig Prozent ihres Gewichts. Wenn er vollständig getrocknet ist, wird der Safran in fest verschlossenen oder versiegelten Behältern aufbewahrt und vor Licht geschützt. Um ein Kilogramm Narben zu erhalten, müssen etwa 150 000 Pflanzen geerntet werden, die auf einer Fläche von 2000 Quadratmetern Land wachsen. Es ist das teuerste Gewürz der Welt. Heute zählen Iran, Spanien, Indien und die Türkei zu den Ländern mit der größten Safran-Produktion. Die jährliche Gesamtmenge liegt bei dreihundert Tonnen.

Die Küchen Irans, Indiens, Spaniens und vieler anderer Länder sind ohne Safran undenkbar. Im heutigen Georgien wird die Ringelblume – der sogenannte »georgische Safran« statt Safran verwendet. Wir treffen seinen Namen jedoch in der georgischen Übersetzung des Alten Testaments an, im Hohelied Salomos, und im berühmten mittelalterlichen georgischen Epos *Der Recke im Tigerfell.* Wir finden ihn auch in den Rezepten des Kochbuchs von Barbare Dschordschadse (1877). Das mysteriöse Verschwinden des Safrans aus der georgischen Küche verdient eine eigene, eingehende Untersuchung.

Eine Ansicht Kachetiens, Georgien.

Von Tieren und Vögeln

> *»[Im Land der Georgier] gibt es viele Nutztiere wie Kamele, Pferde, Maultiere, Esel, Kühe, Büffel, Schafe, Ziegen, Schweine, aber auch wilde Tiere: Hirsche, Gazellen, Steinböcke, Rehe, Gämsen, wilde Ziegen, Hasen, Tiger, Bären, Wölfe, Hyänen, Luchse, Wildschweine, Füchse, Dachse, Ottern, Biber, Igel und viele andere. Es gibt einheimisches Geflügel wie Hühner, Gänse, Enten, Truthähne und Tauben«*
>
> Prinz Wachuschti Bagrationi

Bevor die Menschen zu Ackerbauern wurden, lebten sie vom Jagen und Sammeln. Das war die »Aktivität«, die sie mit den Tieren gemeinsam hatten, da beide auf diese Weise an ihre Nahrung kamen und ihre Überlebenschancen erhöhten. Aufgrund paläontologischer Untersuchungen nimmt man an, dass bereits im frühen Neolithikum Menschen, die in der Region der heutigen *Darkweti-Grotte* in Georgien lebten, Rinder (*Bos taurus*), Schweine (*Sus domesticus*), Schafe, Ziegen (*Ovis* oder *Capra*) und Hunde (*Canis familiaris*) domestiziert hatten. Die meisten Knochen, die bei archäologischen Ausgrabungen gefunden wurde, stammen von Schweinen. Unter den wilden Tieren gab es Hirsche (*Cervus elaphus*), Rehe (*Capreolus capreolus*), Wildschweine (*Sus scrofa*), wilde Ziegen (*Capra sp.*) und Schafe (*Ovis sp*).[67]

Viele Forscher nehmen an, dass nach den Hunden Ziegen (*Capra aegagrus*) und Schafe (*Ovis orientalis*) die ersten wilden Tiere waren, die im frühen Neolithikum domestiziert wurden. Beweise für ihre Domestizierung vor 10000 Jahren sind im Vorgebirge des Zāgros-Gebirges in Südwestasien im

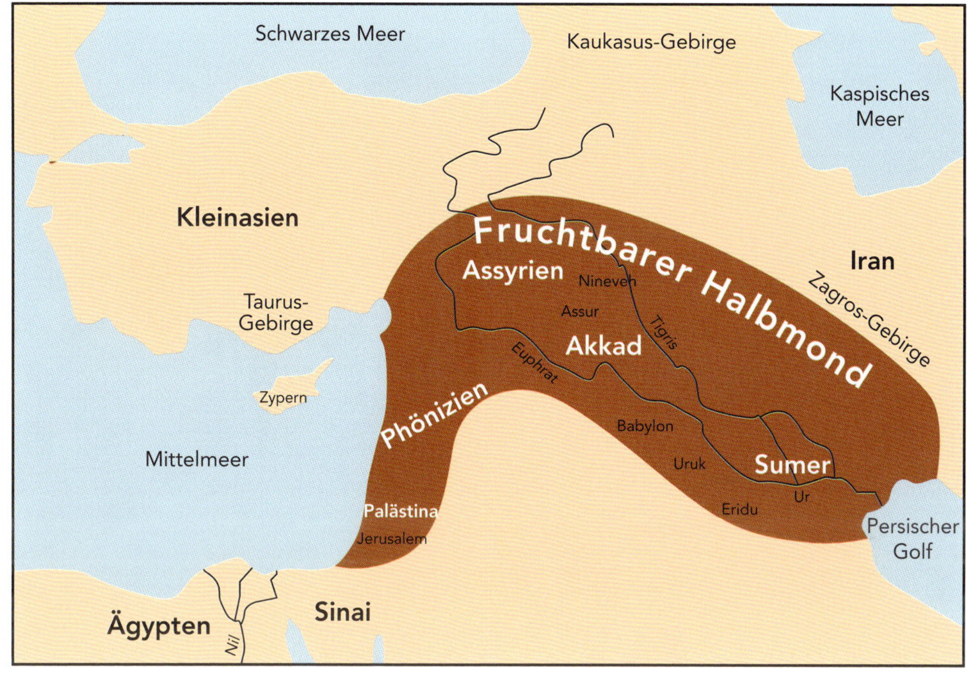

Karte des Fruchtbaren Halbmonds.

östlichen Teil des Fruchtbaren Halbmonds gefunden worden. Doch Kenneth Kiple zufolge wurden im Vorgebirge des Taurusgebirges im Südosten der Türkei Schweineknochen entdeckt, die die Existenz domestizierter Schweine zur selben Zeit belegen. Das deutet darauf hin, dass das Schwein (*Sus scrofa*) Schafen und Ziegen den Titel des ältesten domestizierten Tieres nach dem Hund streitig machen könnte. Später wurde bewiesen, dass die Domestizierung von Wildschweinen gleichzeitig und unabhängig voneinander an verschiedenen Orten stattgefunden hat.[68]

Gegen das Schwein als erstes domestiziertes Nutztier spricht, dass Schafe und Ziegen Gras fressen, während die Nahrung von Schweinen sich weitgehend mit der des Menschen überschneidet. Deshalb könnte man annehmen, dass zuerst Schafe und Ziegen domestiziert wurden und dann Schweine, als das dörfliche Leben begann und es viele Überreste menschlicher Nahrung gab. Aber archäologische Funde beweisen das Gegenteil. Es ist schwer zu sagen, was am Leben der Menschen die Schweine angezogen haben könnte.

Miniatur aus Schota Rustawelis »Der Recke im Tigerfell«
(achtzehntes Jahrhundert, unbekannter Künstler).

Wie wurde Fleisch von den Sumerern, den Initiatoren der Zivilisation, verwendet? Opferfleisch könnte auf einem Herd gebraten worden sein, Fleischstücke gekocht oder geschmort. … Während der dritten Dynastie von Ur verzeichnen viele Texte Lieferungen von Tieren an die Küche; in manchen Fällen wird eigens notiert, dass diese Tiere für bestimmte Gruppen von Menschen bestimmt sind (Soldaten beispielsweise). Zwei Texte aus Ur erwähnen die Ausgabe von Schafen an Weberinnen, möglicherweise anlässlich einer besonderen Gelegenheit wie Neujahr. Diener erhielten zu Neujahr Fisch. Hammel, Schwein, Geflügel und Fisch gehörten zu den Vorräten für den königlichen Haushalt, das zeigt ein Text, der diese Nahrungsmittel zusammen mit Milchprodukten, Eiern und Früchten auflistet, die vom Nannar-Tempel geschickt wurden. Am erstaunlichsten ist jedoch, dass Fleisch offenbar auch an Kriegsgefangene ausgegeben wurde.[69]

Fast alle Autoren stimmen darin überein, dass Kühe und Ochsen (*genus Bos*) lange Zeit die »wertvollsten« Tiere der Welt waren. Die frühesten Zeugnisse deuten darauf hin, dass ihre Domestizierung vor 8000 bis 7000 Jahren in Anatolien stattfand. DNA-Untersuchungen zufolge stammen die Zebus Indiens (*Bos indicus*) von einer anderen Subspezies ab als die europäischen Rinder (*Bos taurus*). Bekanntlich essen viele Inder aus religiösen Gründen kein Rindfleisch. Anders als Moslems und Juden, die kein Schweinefleisch essen, weil sie Schweine für unreine Tiere halten, gelten Kühe bei den Indern als heilig, und der Verzehr ihres Fleischs ist aus diesem religiösen Grund verboten. Milchprodukte finden in der indischen Küche seit Menschengedenken in großer Menge Verwendung.

In Georgien werden alle Arten von Fleisch, einschließlich Wild, kulinarisch geschätzt. Verbote beziehen sich nur auf Fastenzeiten oder haben andere religiöse Gründe (in der Küstenregion Adscharien ist ein Teil der Bevölkerung muslimischen Glaubens). In Tuschetien wird kein Schweinefleisch gegessen, aber die Einwohner der Region dürfen es essen, wenn sie sich nicht in ihrer Heimat befinden. Generell gilt, dass in verschiedenen geographischen Regionen des Landes unterschiedliche Fleischsorten je nach ihrer Verfügbarkeit bevorzugt werden. Die östlichen Regionen und das Hochland Georgiens waren lange dafür bekannt, dass große Mengen Fleisch verzehrt werden, wogegen in Westgeorgien vegetarische Nahrung bevorzugt wird. In den östlichen Bergen wird hauptsächlich Hammel gegessen, während in den Regionen

Swanetien und Ratscha Schweinefleisch, vor allem Schinken und Speck, vorgezogen wird. In Kachetien wird neben Schwein und Hammel viel Rindfleisch gegessen, und es werden köstliche Gerichte damit zubereitet, wogegen Geflügel in den meisten Teilen Westgeorgiens gegessen wird. In Adscharien wird hauptsächlich Rindfleisch gegessen.

Auch wenn die Fastenzeiten des orthodoxen Christentums in Georgien insgesamt mehr als ein halbes Jahr dauern, und diejenigen, die sie einhalten, während des Fastens kein Fleisch essen, gibt es eine große Vielfalt georgischer Fleischgerichte, von denen die meisten einzigartig sind. Die Namen dieser Gerichte leiten sich von ihrer Kochtechnik her.

Es ist auch interessant, den Einfluss östlicher kulinarischer Traditionen auf die georgische Küche unter linguistischem Aspekt zu untersuchen. *Qavurma* ist ein gutes Beispiel. Es ist ein türkisches Wort, das vom Verb für »braten« abgeleitet ist. In der modernen Türkei besteht eine Version dieses Gerichts aus gebratenen Scheiben von frischem Hammelfleisch. Es ist ein traditionelles Gericht in der Türkei, in Syrien und im Westen Irans, wo das Fleisch im eigenen Fett zusammen mit Salz und Gewürzen konserviert wird. Im heutigen Iran besteht *Ghormeh Sabzi* aus einem Eintopf aus Fleisch in Butterfett mit großen Mengen gehackter grüner Kräuter und ganzen getrockneten Limetten. Das berühmte indische *Korma* ist ein Fleischeintopf mit Joghurt oder Sahne.[70] *Sabzi Qovurma Plow* aus Hammelfleisch ist auch ein traditionelles Gericht in Aserbaidschan. In Georgien findet man verschiedene Methoden, *Qaurma* zuzubereiten.

In Tuschetien bereiten die Schafhirten dieses Gericht immer noch nach der ältesten Technik zu, der sogenannten *Pansen-Qaurma*: »Ein großes Loch wird in den Boden gegraben, um dort ein Feuer zu machen. Das geschnetzelte Fleisch wird, eingewickelt in den Pansen, in die Glut gelegt. Ein dicker Grashalm wird in den gut zugebundenen Pansen gesteckt, damit der Dampf leicht entweichen kann, dann wird das Loch mit einem flachen Stein zugedeckt. Manchmal wird ein Schafshaut-*Qaurma* zubereitet. Das Hammelfleisch und das Schwanzfett werden fein gehackt und in die Schafshaut gegeben, die dann in Wasser gekocht wird. Wenn es gar ist, wird die Schafshaut in einen kalten Fluss gelegt oder im Schnee vergraben. Die Kälte konserviert das Essen, sodass man *Qaurma* so lange aufbewahren kann, wie man will und es essen kann, wenn man möchte.«[71]

In den kulinarischen Traditionen der Welt gibt es viele Beispiele für Gerichte, die sich im Lauf der Zeit und mit der Verbreitung in andere Regionen verändert haben, jedoch den ursprünglichen Namen behalten haben. Es kommt auch nicht selten vor, dass verschiedene Gerichte denselben Namen tragen. Zum Beispiel wird *Bosbaschi* in allen drei südkaukasischen Ländern zubereitet, aber mit verschiedenen Techniken und Zutaten. Dasselbe gilt für die *Chinkali*, auf die ich später noch eingehen werde. Zu den Gerichten, die sowohl in der persischen als auch in der türkischen Küche beliebt sind, gehört *Borani*. Das Gericht, dessen wichtigste Zutat Joghurt ist, ist persischen Ursprungs und war besonders im Damaskus des dreizehnten Jahrhunderts beliebt, wo *Boran* oder *Buran* mit Joghurt, Spinat, Knoblauch und Gewürzen zubereitet wurde. Ein Rezept für klassischen Borani mit Joghurt findet sich auch in Barbare Dschordschadses Kochbuch. Im heutigen Adscharien, wo es als traditionelles Gericht gilt, wurde der Joghurt durch Käse und Eier ersetzt – das Gericht trägt denselben Namen, unterscheidet sich jedoch in Aussehen und Geschmack deutlich. Ein anderes traditionelles Gericht in derselben Region ist *Iachni*, Rindfleisch in würziger Walnusssauce. Bert Fragner nimmt an, dass die Tradition der Zubereitung dieses Gerichts auf Menschen zurückgeht, die in den Steppen Zentralasiens leben. In mittelalterlichen persischen Kochbüchern ist es unter dem Namen *Yakhni Kardan* bekannt.[72] Nach persischen Rezepten wird das Fleisch erst in verschiedenen Arten von mit Fett vermischten Flüssigkeiten gekocht. Wenn die Flüssigkeit verdampft ist, wird das bereits gegarte Fleisch im verbleibenden Backfett gebraten oder gebacken. *Tatar-Iachni*, ein in anderen Regionen Georgiens beliebtes Gericht, ist anders als das adscharische und all die anderen *Iachnis* kein Gericht, dessen Zubereitung zeitaufwendig wäre. Vielmehr wird es spontan zubereitet, wenn unerwartet Gäste kommen und die Familie nichts Besonderes im Haus hat, um sie zu bewirten.

Andererseits begegnen wir oft demselben Gericht unter verschiedenen Namen in unterschiedlichen Landesküchen. Die besten Beispiele sind die georgischen *Mzwadi*, die dasselbe sind wie das armenische *Chorowaz* und das aserbaidschanische *Kebab*, sowie das georgische *Tschanach* und das aserbaidschanische *Piti*.

Traditionell werden in der georgischen Küche in verschiedenen Regionen unterschiedliche Fette benutzt. In Ostgeorgien und in den Bergen finden im

Allgemeinen tierische Fette Verwendung. Aber in Kachetien wird seit mindestens zwei Jahrhunderten das dort produzierte Sonnenblumenöl verwendet. In Pschawi und Chewsuretien wird geklärte, geschmolzene Butter verwendet; Adscharien ist bekannt für seine hervorragende Butter. In Westgeorgien werden meist pflanzliche Öle wie Sonnenblumen- und Maiskeimöle verwendet; bevor diese Pflanzen in Georgien eingeführt wurden, verwendete man Leinöl, Walnussöl oder tierisches Fett.

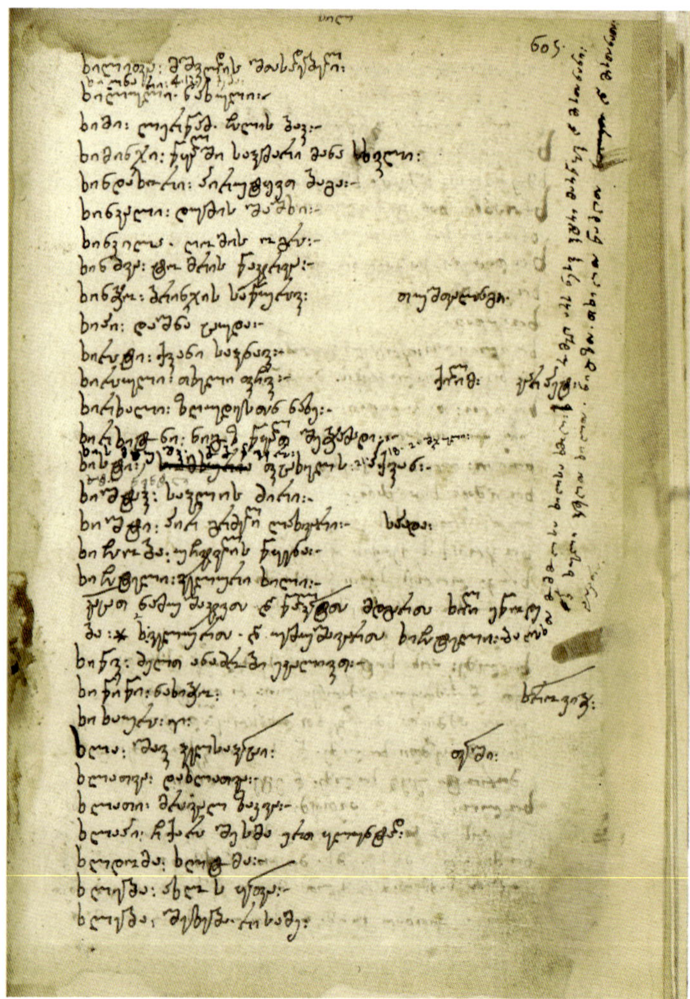

Auszug aus dem Wörterbuch von Sulchan-Saba Orbeliani, 1716.

Chinkali und ihre Verwandten

Gerichte, die Fleisch und Teig kombinieren, sind in vielen Ländern beliebt, Georgien ist da keine Ausnahme. Da gibt es zum Beispiel *Chinkali* – gefüllte Teigtaschen –, der Stolz der georgischen Hochlandbewohner, die man heute auf den Speisekarten georgischer Fast-Food-Restaurants findet.

Ein Gericht namens *Manti* muss der unmittelbare Vorläufer der Chinkali sein. *Manti* waren das Hauptnahrungsmittel nomadisierender Turkvölker Zentralasiens. Zweifellos muss ihre Verbreitung in andere Teile der Welt während der Epoche der Dschingisiden und Timuriden erfolgt sein. Wahrscheinlich hat das Rezept seinen Ursprung bei den Uiguren in China, die lange Zeit ein Gericht namens *Mantau* zubereitet haben, ein Name, der in ihrer Sprache »Brot in Dampf gekocht« bedeutet.

Der Verzehr von *Manti* ist weit verbreitet, sie sind in Zentral- und Südostasien, dem Nahen Osten, der Türkei, dem Kaukasus, Russland, Deutschland, Italien beliebt. *Manti*-artige Gerichte sind meistens Fleisch-Teig-Kombinationen. Die klassischen *Manti* Zentralasiens werden aus Hammelfleisch zubereitet. In verschiedenen Regionen werden unterschiedliche Arten von Fleisch verwendet, aber das Gericht bleibt im Wesentlichen dasselbe.

Auch die Kochtechnik ändert sich von Region zu Region. Die klassischen *Manti* werden in einem speziellen Gefäß namens *Kaskan* gedämpft. Solche Gerichte werden aber auch oft in Wasser gekocht oder in einem Ofen gebacken. Manche (wie zum Beispiel die Armenier) braten sie sogar in einer Pfanne an, bevor sie sie kochen oder backen. Anders als die georgischen *Chinkali* enthalten *Manti*-artige Gerichte meist keinen Saft im Inneren. Die herkömmliche Sauce besteht aus mit Knoblauch gewürztem Joghurt.

Regionale Varianten der *Mantis* haben verschiedene Namen. Die usbekischen *Tschutschwaras* sind sehr klein, sie sind in Usbekistan nach Pilaw eines der beliebtesten Gerichte. Sie werden gewöhnlich mit gehacktem Hammelfleisch gefüllt, aber auch mit Gemüse.

Tschutschwaras werden wie klassische *Manti* in einem *Kaskan* gedämpft und mit *Susma*, einer Sauce aus saurer Milch, gegessen.

In Kasachstan werden *Manti* aus Rind- oder Pferdefleisch hergestellt, die dazugehörige Sauce aus Sauerrahm, Butter und Knoblauchsaft. In Tadschikistan und Afghanistan wird das Gericht *Manti* oder *Mantu* genannt. Die Füllung besteht dort aus Hammel oder Rind, dazu wird eine Sauce aus Limetten, gewürzt mit Zwiebeln, Knoblauch, Minze und verschiedenen getrockneten Kräutern, gereicht.

Russen, Weißrussen und Ukrainer bereiten *Wareniki* zu, die mit Fleisch, Kartoffeln, Pilzen oder Kirschen gefüllt sein können. Der Name leitet sich vom russischen Wort *waritj* (»kochen«) her. In Russland sind die nächsten Verwandten der *Mantis* die sibirischen *Pelmeni*, deren Form und Größe an die usbekischen *Tschutschwaras* erinnern. *Manti* sind besonders beliebt bei den Chinesen, die das Gericht in vielen Varianten zubereiten. Die Namen des Gerichts sind je nach Provinz verschieden; die Chinesen dämpfen Wan Tan und Baozi, braten sie aber manchmal auch in einer Pfanne.

In China wird das Gericht hauptsächlich aus Schweinefleisch zubereitet. Die japanischen *Manti* werden *Yakimandu* genannt. Wie viele in Südostasien beliebte Varianten der *Manti* werden die japanischen *Yakimandu* in einem speziellen Gefäß aus Bambus gedämpft. Die Mongolen nennen ihre Variante der *Manti* »*Buuz*« und kochen sie zum mongolischen Neujahrsfest. Zu den Verwandten der *Manti* zählen auch die jüdischen *Kreplach*, die mit Hackfleisch oder Kartoffeln gefüllt und in Hühnerbouillon gekocht werden.

Im Nahen Osten (besonders im Libanon, in Syrien und Palästina) nennt man die Teigtaschen *Shish Barak*, kocht sie in Joghurt und isst sie mit ihrem Kochsud. *Manti* haben auch in Europa enge Verwandte: italienische *Ravioli* und *Tortellini* sowie deutsche *Maultaschen*. Ihre georgischen Verwandten in Pschawi und Chewsuretien und im gesamten Hochland sind *Chinkali*, das bevorzugte Teigtaschengericht der Einheimischen. Die Füllung der georgischen

Chinkali besteht aus Fleisch, das früher geschickt mit einem sehr scharfen Schwert oder Dolch kleingehackt wurde. In den Bergen ist das Fleisch der Wahl gewöhnlich Lamm, andernorts besteht die Füllung häufiger aus einer Mischung von Rind- und Schweinefleisch. Der Teig wird aus mit Salzlake vermischtem Weizenmehl hergestellt. Dünne, runde Teigstücke werden so um die Füllung geschlagen, dass sie einen Klacks gewürztes Hackfleisch umhüllen. Die Teigspitze wird selten mitgegessen; sie dient nur dazu, die heißen Teigtaschen zu halten, die mit der Hand gegessen werden sollten, damit der Saft nicht auf den Teller sondern in den Mund fließt. Je mehr Saft, desto besser die *Chinkali*.

Später gelangten die *Chinkali* vom Hochland ins Flachland und sind sogar zu einer der beliebtesten Speisen in Fast-Food-Restaurants geworden. Im Tbilissi von heute gibt es zahlreiche *Chinkali*-Lokale. Trotzdem muss man in den populärsten dieser Lokale Schlange stehen, bis man bedient wird. Die Vielzahl der *Chinkali*-Lokale zwingt die Köche, sich etwas Originelles auszudenken, ihren Gerichten einen einzigartigen Geschmack zu verleihen, der mehr Gäste anzieht. Auch die Form der Teigtaschen spielt eine Rolle. Es geht darum, so viele Falten wie möglich entstehen zu lassen, wenn der Teig um die Füllung gelegt wird. In manchen Lokalen wird eine Variante hergestellt, die »Tiflisser« genannt wird, in anderen »Mzchetaer« (nach Mzcheta, der alten Hauptstadt Georgiens), in wieder anderen »Hochländer«. Das Ganze bekam einen lächerlichen Zug, als eines der Lokale begann, gefärbte (!) *Chinkali* anzubieten.

Die georgischen Chinkali können auch mit Walnüssen, Pilzen, Hüttenkäse, Käse oder Knoblauch gefüllt sein, aber die mit Fleisch gefüllten, traditionellen Chinkali sind die beliebtesten. Die Küchen der georgischen Gebirgsregionen (mit Ausnahme der Swanetiens) haben eine gewisse Ähnlichkeit mit denen der Nachbarländer in der Kaukasus-Region. Manche Autoren behaupten, die nordkaukasische Küche sei von den aserbaidschanischen und georgischen Küchen auf der einen, und von den kasachischen, usbekischen und türkischen Küchen auf der anderen Seite beeinflusst worden.[73]

In Aserbaidschan und im Nordkaukasus gibt es ein anderes Gericht namens *Chingal*, das aus Fleisch und Teig besteht. Ein Beispiel ist das *Chingal* aus Dagestan, besonders das der Awaren. In Aserbaidschan gibt es ein Gericht namens *Gimia-Chingal*, das aus gehacktem Lammfleisch besteht, das in Schafschwanzfett und Zitronensaft oder dem Saft unreifer Trauben geschmort

wird. Der Teig wird aus Mehl, Eiern und *Katiki* (»saurer Milch«) hergestellt. Der Teig wird ausgerollt, in kleine, rautenförmige Stücke geschnitten und separat gekocht. Die gekochten Stücke werden auf ein großes Tablett gelegt und mit dem geschmorten Fleisch garniert. Dann wird geschlagene, mit Zimt gewürzte *Katiki* darüber gegossen. Das Wort *Chingal* bezieht sich hier auf den gekochten Teig. Die nordkaukasischen Völker, besonders die Bewohner Dagestans, bereiten *Chingal* (gekochten Teig) auf dieselbe Weise zu, aber statt des Hackfleischs geben sie gehacktes und gekochtes Lamm auf den Teig und gießen verschiedene Saucen darüber. Dieses Gericht wird *Awarisches Chingal* genannt. Die Laken stellen eine Variante von Chingal mit derselben Technik her, aber hier wird der Teig in sehr kleine Stücke geschnitten. Das Wort *Chingal* bezeichnet also überall im Nordkaukasus gekochten Teig, also das, was für Georgier nur die »Umhüllung des *Chinkali*-Fleischs« ist.

Ein Gericht ähnlicher Art wird ebenfalls in verschiedenen Regionen Georgiens zubereitet. Harter, dünn ausgerollter Teig wird gekocht und dann mit einer Sauce aus mit Knoblauch gewürztem Joghurt übergossen oder bloß mit Knoblauch gewürzt. Anders als bei den aserbaidschanischen und nordkaukasischen Varianten wird Fleisch nicht als Zutat des Nudelgerichts *Atria* (in Pschawi) oder *Antria* (in Kachetien) verwendet. Manchmal wird Teig in Milch gekocht.[74]

Ghwtisso hatte es sich bequem auf einem Schafspelz vor dem Herd gemacht und war gerade dabei, die vor zwei Wochen in Salz eingelegten Fleischstücke aus der großen Schüssel herauszuholen und auf dem Brett kleinzuschneiden. Über dem Feuer hing ein riesiger Kochtopf, in den mindestens achtzig Chinkalis passten. Die Frauen bereiteten sorgfältig Teighüllen, in die junge Männer das gehackte Fleisch einwickelten. So bereiteten sie Chinkali und trugen dabei Gedichte vor.

Washa-Pschawela (1861-1915), georgischer Dichter

»Wir bereiten Nudeln auf dieselbe Weise zu wie *Chinkali.* Wir stellen denselben Teig her, rollen ihn flach aus und schneiden ihn in Stücke. Da wir den Teig nicht füllen, formen wir ihn nicht zu kleinen Päckchen, sondern falten ihn einfach und drücken die Kanten zusammen, damit die Stücke beim Kochen nicht aufgehen. Dann geben wir die Nudeln in kochendes Wasser. Wenn sie gekocht sind, nehmen wir sie aus dem Topf und legen sie auf große Tabletts. Wir essen die Nudeln mit geschmolzener Butter oder Knoblauchsauce. Der Teig kann aus jeder Art von Mehl gemacht werden.« (Msewinar Gognelaschwili, 73 Jahre alt, aus dem Dorf Zabaurta in Pschawi im Jahr 1935)[75]

»Interessanterweise nennen die Georgier, die in Saingilo leben, diese Art von Gericht *Chinkali.* Sie bereiten den Teig aus Hirsemehl und kochendem Wasser zu und formen kleine Bällchen daraus. Diese Bällchen werden dann ausgerollt und in kochendes Salzwasser gegeben. Die gekochten Teigstücke werden dann herausgenommen und mit sauren, getrockneten Pflaumen gegessen. Manchmal geben sie geriebenen Knoblauch darüber, etwas Käsemolke oder Joghurt.«[76]

In Mzcheta wird ein Gericht aus gekochtem Teig *Tatar-Bereki* genannt. Die Bezeichnung findet sich auch in der Türkei.

In Mzcheta wird noch eine weitere bemerkenswerte Variante von *Chinkali* aus Teig mit Gänsefleischfüllung zubereitet. Diese Variante ist in den anderen Regionen Georgiens kaum bekannt. Auch der Name des ausgerollten Teigs ist verschieden, er wird *Ucha* genannt.

Wir treffen also dasselbe Gericht oder Abarten davon unter verschiedenen Namen in den verschiedenen Regionen Georgiens und seinen Nachbarländern an.

Ober-Adscharien, Georgien.

Mensch in einem Fisch.
Tamara Kwesitadse.

Fisch

»Und im Wasser sind reichlich Fische.«
Prinz Wachuschti Bagrationi

Den Fischgräten nach zu urteilen, die bei Ausgrabungen in Mesopotamien in großer Menge gefunden wurden, ist anzunehmen, dass Fisch eine bevorzugte Speise für die Adligen und für das einfache Volk gewesen sein muss. Man hat auch viele Angelhaken ausgegraben. Daneben belegen die langen Aufzählungen von Fischarten in den sumerischen Texten und das Gesetz, Feudalabgaben in Form von Fisch zu bezahlen, dass die Fischerei in den sumerischen Städten des dritten Jahrtausends v. Chr. sehr bedeutsam gewesen sein muss.[77]

Fischen muss auch für Jäger und Sammler eine der wichtigsten Tätigkeiten gewesen sein, wie ebenfalls durch archäologische Funde belegt wird. Angelhaken, aus Muscheln hergestellte Gegenstände und Überreste von Fischen, die auf das Jungpaläolithikum (die Altsteinzeit) zurückgehen, sind in verschiedenen Teilen Georgiens gefunden worden.

Georgien ist ein Land, das sehr wasserreich ist. Westgeorgien grenzt ans Schwarze Meer, im Hochland und im Flachland gibt es viele Flüsse. In den schnellfließenden Gebirgsflüssen sind außerordentlich schmackhafte Forellen zu finden.

Der georgische Dichter Iosseb Grischaschwili beschreibt den »kulinarischen Geschmack« der Einwohner von Tiflis so: »Auf ihren Festtafeln haben sie überreichlich Nahrungsmittel. Wie sich Grigol Orbeliani erinnert, sind diese Tafeln sehr pittoresk, voll von bröckeligen Käsesorten, verschiedenen

Fischen, Kräutern … aber besonders geschätzt wird der sogenannte *Zozchali* (›Frischer Fisch‹).« Die Grabinschrift des großen georgischen Königs David des Erbauers erwähnt, dass er eine ostgeorgische Fischart im Westen des Landes eingeführt hat, während die von Wachtang VI. rühmend hervorhebt, dass er in einigen Seen eine neue Art ausgesetzt hat.[78]

Einzelheiten über den Fischhandel im Tbilissi des neunzehnten Jahrhunderts sind von dem Armenier Karapet Grigorianz, der in der Stadt lebte, dargestellt worden:

> »In Tiflis befand sich der größte Markt für Nahrungsmittel am Riqe. Die Fischhändler wurden erst 1880 an den Puschkin-Platz verlegt. Es waren Großhändler, die den Fisch, der auf Tatarischen Pferdekarren mit großen Rädern herangeschafft wurde, sehr billig verkauften, ohne ihn überhaupt zu wiegen. Die Karren kamen direkt aus Saliani. … Nur Lachs wurde gewogen. Der Lachs ist ein großer Fisch und man wird wohl kaum einen ganzen kaufen.«
>
> **Karapet Grigorianz** (Armenischer Einwohner von Tiflis, 1866-1943)

Die georgische Küche ist nicht reich an Meerestieren und es gibt nicht viele Fischrezepte. Dennoch gibt es einige Fischgerichte, die zweifellos sehr schmackhaft sind; von ihnen sind vor allem *Zozchali*, *gebratene Forelle* und *Wels in Koriander-Essig-Sauce* erwähnenswert. Im Kochbuch von Barbare Dschordschadse gibt es 29 Rezepte für Fisch und Krabben. Die Georgier verwenden hauptsächlich dieselben Saucen zum Fisch, die sie auch zu Geflügel und anderem Fleisch reichen, nämlich Nusssauce und Granatapfelsauce.

Saucen

Die Saucen erfüllen in der georgischen Küche denselben Zweck wie überall in der westlichen Welt. *Sauce* ist ein französisches Wort, das sich vom lateinischen *salsus* herleitet, was »salzig« bedeutet. Eine der ältesten Saucen dürfte *Garum* sein, eine Sauce, die die Römer aus fermentiertem Fisch herstellten und die ein unverzichtbarer Begleiter zu allen Gerichten war. Das Rezeptbuch des Apicius ist ein guter Beweis dafür.

Saucen, die als Beilagen gereicht werden, haben in vielen Küchen der Welt große kulinarische Bedeutung. Zum Beispiel ist weithin bekannt, dass sie in der französischen Küche eine große Rolle spielen, in der es eine Vielfalt von Saucen gibt. Im Frankreich des siebzehnten Jahrhunderts ereignete sich eine kulinarische Revolution: die exotischen Gewürze (Safran, Zimt, Ingwer, Kardamom und andere), die im Mittelalter beliebt waren, wurden durch einheimische Kräuter ersetzt (Petersilie, Thymian, Lorbeerblätter, Estragon und ähnliche), während gleichzeitig exotische Gemüsesorten aus der Neuen Welt eingeführt wurden. Die Saucen, die in dieser Zeit entstanden sind, wurden von Auguste Escoffier (1846-1935) in fünf »Muttersaucen« eingeteilt: Béchamel, Velouté, Spanische, Holländische und Tomatensaucen. Sie bestanden hauptsächlich aus Milch, Mehl, Fleischbrühe und Eiern.

Auch die Menge der italienischen Saucen ist erwähnenswert, aber sie werden hauptsächlich als Pesto-Saucen für Gerichte aus Teig oder Fleisch verwendet.

Wenn es Saucen gibt, die den georgischen nahekommen, dann sind das die mexikanische *Salsa* und das indische *Chutney*, weil sie ihnen strukturell

Saure Kirsch-Pflaume.

(wenn auch nicht geschmacklich) ähnlich sind. Wie die georgischen Saucen bestehen sie aus Gemüsen und Früchten, aber andere Kombinationen von Zutaten verleihen ihnen einen anderen Geschmack und ein anderes Aroma.

Georgische Saucen sind bekannt für ihre besondere Vielfalt und Originalität, die in der feinen Küche Georgiens gut zum Ausdruck kommt. Die allermeisten georgischen Saucen sind vegetarisch und werden aus sauren Beeren und anderen Früchten wie sauren Pflaumen, Zwetschgen, Kornelkirschen, Brombeeren, Granatäpfeln und Berberitzen zubereitet. Walnusssaucen spielen eine wichtige Rolle in der georgischen Küche, ebenso heiße Tomatensaucen. Eine Sauce aus unreifen Trauben und Brombeeren namens *Issrim-Maqwali* ist ebenfalls sehr beliebt.

Saucen aus sauren Pflaumen (*Tqemali*) werden in jeder georgischen Familie geschätzt. Im Frühling werden Saucen aus grünen, unreifen Pflaumen hergestellt; für den Winter gibt es grüne, gelbe und rote Saucen aus reifen

Pflaumensorten. Keine der anderen mir bekannten Küchen bereitet Saucen aus sauren Pflaumen zu. Solche Saucen sind einzigartige Schätze der georgischen Küche, und die Kombination ihrer Zutaten macht den typischen »georgischen Geschmack« aus.

Die Kornelkirsche (*Cornus mas*) und ihr Gebrauch in Saucen oder als Zutat für verschiedene Gerichte verdienen eigens erwähnt zu werden. In Ostgeorgien und im Hochland werden verschiedene Eintöpfe aus getrockneten Kornelkirschen zubereitet. Sie werden auch als säuernde Zutat und als Begleiter zu gebratenem Ferkel oder Gans verwendet, wobei das besondere Aroma der Kornelkirsche den Gerichten einen speziellen Geschmack verleiht. Diese in Georgien weit verbreitete Beerenart ist eine von den vierzig Arten dieser Pflanze, die man kennt. Die Kornelkirsche ist seit der Zeit Homers im antiken Griechenland bekannt gewesen und wurde dort *Krania* genannt. Im heutigen Europa findet diese Beere kaum Verwendung, sie wächst hauptsächlich wild. Europäer, die sie in Georgien probiert haben, sind immer überrascht von ihrem Aroma und wundern sich, dass sie beinahe nichts über diese wunderbare Frucht wussten.

Zu den georgischen Saucen ist zu bemerken, dass die meisten von ihnen mit einer Technik zubereitet werden, die sich recht deutlich von der der französischen Saucen unterscheidet. Die Früchte und Gemüse werden gekocht, dann gestampft und mit einer Mischung verschiedener Kräuter, Gewürze, rotem Pfeffer und Knoblauch vermengt. Wie die Walnusssaucen und *Issrim-Maqwali* werden sie nie gekocht, sondern frisch serviert.

In Barbare Dschordschadses Kochbuch gibt es Rezepte für acht verschiedene Saucen.[79] Hier finden sich Rezepte für die beliebte *Tqemali* und für Saucen aus Zwetschgen, Kornelkirschen, Granatäpfeln, Berberitzen und unreifen Trauben.

Westgeorgien ist besonders berühmt für die Vielfalt seiner feinen Saucen. »Das beste Gericht der Megrelen war gebratenes Hähnchen. ... Wir taten es auch in *Bashe*-Sauce. Dafür benutzten wir gemahlene Walnüsse, Safran, Koriander, Pfeffer und Salz. Dann vermischten wir die zerstoßene Masse mit Essig. Wir stellten auch eine Sauce her, die wir ›Pfeffer-Sauce‹ nannten. Wir zerstießen viel Pfeffer, Koriander, Safran und Salz und vermischten alles mit Essig. Die Männer aßen das gern, wenn sie Wein tranken.« (Nino Kedia, 60 Jahre alt, aus dem Dorf Senaki)[80]

Georgischer Käse Ssulguni

Käse

Käse ist eine der ältesten Erfindungen der Menschheit. Wo er erfunden wurde, ist bis heute umstritten, denn er kann überall dort entstanden sein, wo Tiere domestiziert und gemolken wurden. Die Milch wurde in Säcke gegossen, die aus den Häuten verschiedener Tiere gefertigt waren, und so von einem Ort zum anderen gebracht. Die Enzyme aus den Häuten und die Schwankungen der Temperatur brachten die Milch zum Gerinnen. Die Menschen beobachteten diesen Prozess und begannen, das Geronnene von der Molke zu trennen, fügten etwas Salz hinzu und aßen es. Die Fermentation der Milch ließ den Joghurt entstehen und wahrscheinlich auch einige andere Milchprodukte.

Die Mehrheit der Forscher nimmt an, dass viele Arten von Milchprodukten ihren Ursprung bei den Turkstämmen Zentralasiens hatten und sich von dort nach Europa verbreiteten. Aber Jean Bottéro, der bekannte Spezialist für die Kultur der Sumerer, erwähnt, dass es einem Mythos der Sumerer aus dem zweiten Jahrtausend vor Christus zufolge bei der Hochzeit des Götterkönigs *Enlil* und der schönen jungen Göttin *Sud* ein Bankett gab, bei dem »große Käselaibe, mit Senf gewürzte Käselaibe, kleine Käselaibe, verschiedene Arten von Milchprodukten und Früchte« aufgetischt wurden.[81]

Sogar Homer erwähnt den Käse in seiner *Odyssee*. Im antiken Rom gehörte Käse zur täglichen Nahrung. Plinius der Ältere widmet dem Käse ein ganzes Kapitel seiner *Naturgeschichte*. Den Römern werden hochentwickelte Techniken der Herstellung und Reifung von Käse zugeschrieben. Dennoch gelten sie nicht als seine Erfinder. Man nimmt an, dass diese Techniken von den Galliern erfunden wurden, und die Römer sie später von ihnen übernahmen.

Ssulguni und Ssulguni-Ritualkäse.

Geflochtene Ssulguni-Ritualkäse.

Swanetische Bazikis,
Käsefiguren für die Seelen der Toten.

Käsesorten lassen sich auf verschiedene Weise klassifizieren, unter anderem nach ihrer Reifezeit und ihrem Fettgehalt. Freilich kann Georgien nicht mit Frankreich konkurrieren, was die Menge verschiedener Käsesorten angeht, die General Charles de Gaulle zu der Frage veranlasste: »Wie kann man ein Land regieren, in dem es mehr als 200 Käsesorten gibt?« Wenn wir jedoch die Bevölkerungsdichte dieser beiden Länder berücksichtigen, würde auch Georgien über ausreichend einheimische Käsesorten verfügen, um schwer regierbar zu sein. Die georgische Geschichte bestätigt das eindrucksvoll.

Der Ost- und der Westteil Georgiens sowie das Hochland unterscheiden sich durch die Käsesorten, die dort hergestellt und gegessen werden ebenso deutlich wie durch die verschiedenen Gerichte, die man dort isst. In Westgeorgien und der Region Swanetien wird Weichkäse bevorzugt: der megrelische und swanetische *Sulguni*, der aus Kuhmilch oder Büffelmilch hergestellt wird, der imeretische frisch geronnene Käse und der Ziegenkäse aus Gurien. Werden sie nicht geräuchert, können diese Käsesorten wegen ihres hohen Flüssigkeitsgehalts nicht lange aufbewahrt werden.

Eine bekannte georgische Käsesorte aus dem Hochland, der tuschetische *Guda*, wird aus Schafsmilch hergestellt und reift in einem Sack aus Schafshaut. Er hat einen besonderen Duft und Geschmack und ist ziemlich salzig. Tuschetien ist sehr reich an Molkereiprodukten, die in den Gerichten der Region eine wichtige Rolle spielen. Der adscharische *Tschetschili* wird aus entrahmter Kuhmilch hergestellt. Er ist hart, unregelmäßig geformt und hat einen delikaten Geruch; er wird pur oder als Zutat in verschiedenen adscharischen Gerichten gegessen.

Anders als die Europäer betrachten die Georgier Käse nicht als Nachtisch, sondern servieren ihn zu Beginn einer Mahlzeit. Georgische Festmahle beginnen mit Brot, Käse und Kräutern. Daneben ist Käse eine Zutat in vielen georgischen Gerichten. Zum Beispiel ist Käse der Hauptbestandteil des berühmten georgischen Käsebrots, dessen Aroma und Qualität von den vielfältigen Käsesorten abhängen, die dabei Verwendung finden. In Westgeorgien schätzt man einen gekochten Käse, der mit Minze gewürzt ist und *Gebshalia* heißt, in Megrelien *Elardschi* (*Ghomi* vermischt mit *Sulguni*) und gebratenen *Sulguni*. In Adscharien wird Käse verwendet, um verschiedene Sorten von *Borani* zu kochen. Eine andere Art von *Elardschi* wird in Letschchumi und Niederswanetien hergestellt, *Taschmgdschab* genannt. In Swanetien werden geflochtene *Ssulguni* zum Fest für die Toten und auch als Opfergabe am Altar verwendet.

In Aqua Sanitas

»Bring mir das Wasser der Unsterblichkeit von den neun Quellen, lass es mich trinken und genesen.«

Aus der georgischen Oper Abessalom und Eteri

Wasser ist für den Menschen unverzichtbar. Georgien ist ein Land, das Wasser im Überfluss hat. Die Vielzahl der unterirdischen Quellen, von denen jede eine einzigartige Zusammensetzung von Mineralien aufweist, macht Georgien zu einem der wasserreichsten Länder der Welt. Fast alle dieser Quellen (95%) liefern trinkbares Wasser. Sie sind nicht gleichmäßig über das Land verteilt: 63% befinden sich in Westgeorgien, 24% in Ostgeorgien, und nur 12,5% im Süden. Das hat Einfluss auf die Vegetation und den Zugang zu gesunder Nahrung.

Der Überfluss an medizinischen Mineralwässern verdient eine eigene Erwähnung. Die Georgier nutzen seit Jahrhunderten mehr als zweitausend Mineralquellen, die »saure Wasser« genannt werden. Ich beschränke mich darauf, die beliebtesten unter ihnen zu erwähnen: *Borshomi*, *Nabeghlawi*, *Sairme* und *Likani*.

»In Chewsuretien (einer Gebirgsregion in Georgien) ist ein Krug frisches Wasser ein vollgültiger Bestandteil der Festtafel. Das Wasser stammt von einer Quelle in der Schlucht oberhalb des Dorfes. Eiskalt und sprudelnd fließt es selbst an den trockensten und heißesten Tagen aus einer Spalte im Fels.«[82] Die Georgier genießen ihr Mineralwasser und bereiten verschiedene Erfrischungsgetränke daraus zu. Besonders erwähnenswert sind die Laghidse-

Blick auf Borshomi.

Wasser – Erfrischungsgetränke, die Mitrophane Laghidse aus Fruchtauszügen kreierte; sie sind köstlich und aufgrund ihrer speziellen Eigenschaften sehr gut für die Gesundheit.

Limonaden werden in Georgien aus verschiedenen Kräutern hergestellt, wie zum Beispiel Estragon-Limonade. Ich finde, in einer Zeit der synthetischen, industriell produzierten Getränke sollte man alles dafür tun, um dieses Kulturgut Georgiens zu bewahren.

Sogar der Name der georgischen Hauptstadt *Tbilissi* (*Tiflis*) leitet sich vom Namen der heißen Schwefelquellen her, die man hier, wie die Legende besagt, zufällig gefunden hat, während König Wachtang I. Gorgassali auf der Jagd war (*Tbili* bedeutet auf Georgisch »warm«). Die Bäder, die man an dieser Stelle erbaut hat und die oft »türkische Bäder« genannt werden, sind immer noch außerordentlich beliebt bei Einheimischen und Besuchern. Sogar Alexandre Dumas und Alexander Puschkin waren überrascht von diesen Bädern, als sie Tiflis besuchten.

»In Tiflis fließt heißes Wasser aus den Steinen, und man hat sechs große Badehäuser mit großen Becken gebaut, in denen dieses Wasser verwendet wird.«[83]

Georgien ist dafür bekannt, dass es eine außerordentlich große Zahl von gesunden Hundertjährigen hervorgebracht hat, also Menschen, die mindestens 100 Jahre alt werden. Im zwanzigsten Jahrhundert kam daher das Schlagwort vom »georgischen Phänomen der Langlebigkeit« auf. »Die Art und Weise der Zubereitung von Gemüse, Früchten und Saucen aus Nüssen, Hirse- und Reisgerichte, frische Kräuter, im *Tone* gebackenes Brot, Erbsen und ähnliches, Joghurt – all dies ermöglicht den Georgiern, ein Jahrhundert lang oder länger zu essen, zu trinken und fröhlich zu sein.«[84]

Viele Forscher haben sich für das Phänomen der georgischen Langlebigkeit interessiert, darunter der amerikanische Naturwissenschaftler Shaffer Fox. Er berichtet in seinen Büchern von »vier wirksamen Pflanzenarten, die zusammen mit anderer gesunder Nahrung von den am längsten lebenden Georgiern seit vielen Jahrhunderten regelmäßig gegessen werden«. Seiner Meinung nach, die auf biochemischen Analysen beruht, ist der Verzehr dieser Pflanzen das eigentliche Geheimnis der georgischen Langlebigkeit. »Diese Pflanzen sind der Kaukasus-Rhododendron (*Rhododendron caucasicum*), Kaukasische Blaubeerblätter, der georgische Granatapfel, und *Rhodiola rosea*, eine Pflanze, die in Georgien nicht heimisch ist, aber oft in den Speisen Verwendung fand.«[85]

Blätter der *Deka*-Pflanze (wie der Kaukasus-Rhododendron in Georgien genannt wird), sind ein unverzichtbarer Bestandteil der täglichen Ernährung der Tuschen, die seit Jahrhunderten einen köstlichen und gesunden Tee daraus bereiten. Sie verwenden Extrakte aus diesen weit verbreiteten Pflanzen zu medizinischen Zwecken und als Grundlage eines wohlschmeckenden Getränks. Dennoch ist der »echte« Tee, *Camellia sinensis*, das beliebteste Getränk im Land.

Wie der große chinesische Philosoph Laotse sagte, ist Tee ein Lebenselixier. Seitdem hat dieses wunderbare Getränk viele verschiedene Beinamen erhalten. Der weltweite Teekonsum wird nur durch den Wasserkonsum übertroffen. Woher die Pflanze kommt – ob aus China oder Indien –, ist in der Wissenschaft nach wie vor umstritten. Bekannt ist, dass ihr Ursprungsort in Südostasien liegt, in dem Gebiet, wo Indien und das nördliche Myanmar (Birma) an den Südwesten Chinas angrenzen.

China gilt zu Recht als die Heimat der kultivierten Teepflanze. Die ersten schriftlichen Aufzeichnungen, die die Eigenschaften dieser Pflanze beschreiben und Anweisungen zur Teezubereitung geben, sind in chinesischer Sprache verfasst. Tee ist oft als Geld verwendet worden. In Bhutan, einem kleinen Land im Himalaya, das viele für das Paradies auf Erden halten, wird der Teestrauch »Mutter« genannt. Die Einheimischen nutzen seine Blätter, um Tee zu bereiten, aber sie essen sie auch.

Bekanntlich haben buddhistische Mönche während der Sui-Dynastie (589-618) den Tee nach Japan gebracht, wo er erst zum bevorzugten königlichen Getränk wurde und später, als die Pflanze angebaut und ihr Gebrauch allgemein empfohlen wurde, zum unverzichtbaren Genussmittel aller Japaner.

Noch später, im Mittelalter, verbreitete sich die Teezeremonie von China nach Japan, und ebenso der Brauch, grünen Tee zu trinken, der sofort zu einem Zeichen des sozialen Status in einer Kriegergesellschaft wurde. Er gilt noch immer als Getränk der Oberschicht.

Die Teezeremonie hat ihren Ursprung in den Ritualen des Zen-Buddhismus. Diese Zeremonie wird auch »der Teeweg« genannt und kann vier Stunden dauern. Wesentlicher Bestandteil ist das mehrgängige japanische Menü *Kaiseki*.

Die Teezeremonie – oder der Teeweg – hat mehrere Entwicklungsstadien durchlaufen und erlangte im sechzehnten Jahrhundert breite Popularität quer durch die ganze japanische Gesellschaft. Die Hauptprinzipien der Zeremonie – Harmonie, Respekt, Sauberkeit und Friedlichkeit – wurden bis heute bewahrt.

Das Gebiet, in dem Tee kultiviert wird, ist sehr groß: Indien, Sri Lanka, Korea, Taiwan, Malaysia, Iran und die Türkei. In Georgien wurde der Tee relativ spät eingeführt, nämlich in der Mitte des achtzehnten Jahrhunderts. Chevalier Jean-François Gamba (1763-1833), der Georgien 1820-24 besuchte, hat uns viele wichtige Informationen über die Lebensweise der damaligen Georgier hinterlassen. In einer Episode spricht er auch über den Tee: »Nachdem wir zwei Stunden gegangen waren, haben wir in Dschichaischi Station gemacht, einer der größten Siedlungen, die in einer herrlichen Umgebung liegt. … Der Prinz, der Major in der Armee war, lud uns in sein Anwesen ein. Er hieß uns sehr respektvoll und herzlich willkommen. Er trug seinen Leuten auf, Teppiche und Kissen auf der schönen Wiese auszulegen, auf der sein Herrenhaus und die Häuser für seine Leibeigenen lagen. Wir nahmen unser Frühstück unter großen Walnussbäumen, die uns mit ihren dichten Blättern Schatten gewährten. Die Russen haben die Tradition des Teetrinkens in diese Region eingeführt. Heute ist er ein Luxusgut des imeretischen Adels. Daher ist große Nachfrage nach feinem Porzellan, silbernen Teekannen und vergoldeten, silbernen Teelöffeln entstanden.«[86]

Im neunzehnten Jahrhundert erlangte der Tee wirtschaftliche Bedeutung, wobei Michail Woronzow und Mamia Gurieli eine wichtige Rolle spielten. Es heißt, die russischen Zaren waren schon lange auf der Suche nach einem Ort in ihrem Reich, wo sie Tee anbauen konnten. Das führte zur Errichtung großer Teeplantagen an der Schwarzmeerküste, bei der Siedlung Tschakwi in der Region Adscharien.

Bereits zuvor hatte Prinz Micha Eristawi einen Teestrauch in seinem Anwesen bei Gora Bereshouli gezogen und das mit primitiver Technik hergestellte erste Produkt bei einer Landwirtschaftsausstellung in Tiflis 1864 vorgestellt.

Tschakwi verzeichnet die höchste jährliche Niederschlagsmenge in Georgien, was vielleicht ein entscheidender Faktor gewesen sein könnte. Jedenfalls haben die Behörden, nachdem sie verschiedene Gebiete in Georgien auf ihre Eignung geprüft haben, entschieden, dass Tschakwi der beste Ort für Teeplantagen sei.

1893 lud der russische Fabrikant und Teehändler Konstantin Popow einen dreiundzwanzigjährigen Chinesen, Lao Zhang Zhou, nach Georgien ein. Der junge Mann entdeckte die klimatisch günstigste Zone für Teepflanzen und kehrte nach China zurück, um Setzlinge aus dem Treibhaus zu holen, um sie dort einzupflanzen. Er kehrte mit seiner Familie – seiner Mutter, seiner Ehefrau und seinen Kindern – nach Georgien zurück und lebte dort 30 Jahre lang. Weitere fünf Kinder wurden in Georgien geboren. Sein Haus steht noch immer an der Küste in Tschakwi.

Dank Sergei Prokudin-Gorski (1863-1944), einem Schüler des russischen Chemikers und Fotografen Dmitri Mendeleew, haben wir Farbfotografien aus dieser Zeit. Diese einzigartige Sammlung wird in der Library of Congress in der USA aufbewahrt. Auf diesen Fotografien sieht man Lao Zhang Zhou zusammen mit Griechen aus Pontus, Frauen und Kindern, die auf den Teeplantagen arbeiteten. Ihre Vorfahren hatten schon seit langer Zeit in Georgien gelebt, und ihre Nachkommen tun es immer noch.

Der Meister des Teeanbaus Lao Zhang Zhou.
Teefabrik in Tschakwi, Georgien. 1905-1915.

Die Geschichte von Lao Zhang Zhous Familie, ihre Rückkehr nach China nach dem 30-jährigen Aufenthalt in Georgien, die Heirat seines jüngsten Sohns mit der georgischen Frau Nino Tuschmalischwili und ihr späteres Schicksal, wären ein idealer Stoff für einen Roman. Lao Zhang Zhous Beitrag zum Teeanbau in Georgien ist unschätzbar.

Später, als Georgien Teil der Sowjetunion wurde, schuf die Wissenschaftlerin Xenia Bachtadse (1899-1978) eine neue Art von georgischem Tee und entwickelte den Teeanbau und die Teeverarbeitung in Georgien weiter. Sie arbeitete bis zum letzten Tag ihres Lebens am Wissenschaftlichen Institut für Tee und subtropische Kulturen.

Eine Gruppe von pontischen Griechinnen bei der Teeernte.
Tschakwi, Georgien. 1905-1915.

Wenn wir uns daran erinnern, dass Georgien an der Seidenstraße lag und dass hier fremde Ideen auf fruchtbaren Boden fielen, weiterentwickelt wurden, und dass kreativ mit ihnen experimentiert wurde (zum Beispiel wurden einheimische Maulbeerbäume erfolgreich dazu eingesetzt, Seidenraupen zu züchten und eine Seidenindustrie aufzubauen), dann verwundert es, dass Tee unter diesen günstigen klimatischen Bedingungen nicht früher kultiviert wurde. Diese und andere Fragen sind immer noch unbeantwortet. Aber während Sie auf diese Antwort warten, empfehle ich Ihnen, georgischen Tee zu probieren und die Aufgüsse, die aus *Rhododendron caucasicum* und *Rhodiola rosea* bereitet werden, wenn sie für Sie die Gelegenheit dazu haben – lassen Sie sich dieses Lebenselixier nicht entgehen!

Gefäß mit breitem Ausguss vom Kwewri-Typ.
Chramis Didi Gora, Mameuli, Georgien.
Erste Hälfte des sechsten Jahrtausends v. Chr.

In Vino Veritas

Von den mehr als 2000 Rebsorten stammen 530 aus Georgien. Bedauerlicherweise werden gegenwärtig in Georgien nur 28 für die Weinherstellung verwendet, aber die Wiedereinführung von alten Sorten wird eifrig betrieben, und man kann schon die ersten Ergebnisse sehen (oder besser schmecken). In Georgien und im gesamten Kaukasus trifft man immer noch eine wilde Rebe (*Vitis vinifera* ssp. *sylvestris* (C.C. Gmel)), die Sulchan-Saba Orbeliani in seinem Wörterbuch *Usurwasi* oder *Krikina* nennt.

»Die wilde Rebe findet sich in großer Menge im Südkaukasus, nahe der Schwarzmeerküste Georgiens. Dank des feuchten und fruchtbaren Bodens wächst die wilde Rebe in dem warmen, milden Klima sehr hoch. Ihr Stamm ist 30 bis 45 Zentimeter dick und erreicht die Spitzen der höchsten Bäume. Deshalb gilt der Südkaukasus als das wahre Heimatland des Weinanbaus.«[87]

Die Funde, die bei Ausgrabungen zur Erforschung der Kura-Araxes-Kultur des vierten Jahrtausends v. Chr. gemacht wurden, zeigen, dass dem Ackerbau zu dieser Zeit Vorrang eingeräumt wurde. Die Siedlung Badaani im Bezirk Tianeti gehört in diese Periode. Unter dem reichen paläobotanischen Material fand man auch Kerne von kultivierten Weinreben. Ähnliche Kerne wurden auch in Siedlungen aus der frühen Bronzezeit (Kwazchelebi, Chisanaant Gora u.a.) gefunden, neben feiner Töpferware und bronzenen und kupfernen Weingefäßen. Literarische Quellen geben uns auch einigen Aufschluss über das Verhältnis georgischer Stämme zum Wein. Sumerische Keilschrifttext auf Tontafeln aus dem ersten Jahrtausend vor Christus erzählen über den assyrischen König Assur-nasirpal II. (883-859): Nachdem er die *Muschks* (»Meß-

Fragment des Mosaiks von Dsalissi, Georgien. Zweites Jahrhundert n. Chr.

chetiner«) besiegt hatte, verpflichtete er sie, den auferlegten Tribut in Form von Wein zu bezahlen, wogegen andere Stämme ihn in Gold zu entrichten hatten.

Apollonios von Rhodos (291-215 v. Chr.) beschreibt in seiner *Argonautika* den Besuch Jasons und der anderen Argonauten im Palast des Königs Aietes von Kolchis: »Und sie standen am Eingang, bewunderten die Höfe und die weit offen stehenden Tore und Säulen, die rund um die Wände in geordneten Reihen emporragten; und hoch oben auf dem Palast ruhte eine Mauerkrone auf dreisten Triglyphen. Und schweigend überschritten sie die Schwelle. Und nahegelegene Garten-Rebstöcke mit grünen Blättern standen in voller Blüte, hoch oben in der Luft. Und unter ihnen liefen vier nie versiegende Quellen, die Hephaistos ausgegraben hat. Aus einer von ihnen quoll Milch, aus einer anderen Wein, aus einer dritten ein duftendes Öl. Aus der vierten rann Wasser, das beim Untergang der Plejaden warm wurde und bei ihrem Aufgang weiter aus dem hohlen Fels sprudelte, kalt wie Kristall.«[88]

Der Kult des griechischen Weingotts Dionysos ist ebenfalls in Georgien anzutreffen. Seine Spuren finden sich in dem in Dsalissi entdeckten Mosaik und in unzähligen verschiedenen Haushaltsgegenständen.

Das erste Wunder, das Jesus Christus bewirkte, war die Verwandlung von Wasser in Wein bei der Hochzeit zu Kana. »Ich bin der wahre Weinstock und mein Vater ist der Winzer« (Johannes 15, 1) – diese Worte Christi werden im Text der mittelalterlichen georgischen Hymne an die Heilige Jungfrau *Du bist der Weinberg* aufgegriffen, die der Mönch Damiane (der frühere georgische König Demetre) verfasst hat.

Die Legende besagt, dass Nino, die im vierten Jahrhundert aus Kappadokien nach Georgien gekommen war, die Georgier zum Christentum bekehrte und dabei ein Kreuz aus Ästen des Rebstocks verwendete. Es gibt kein anderes Land, in dem das Kreuz aus Rebstockholz kultische Verehrung genießt. Dass dem Rebstock eine solche heilige Bedeutung verliehen wurde, war kein bloßer Zufall. Wenn wir die Tatsache in Rechnung stellen, dass Rebstöcke in Georgien schon immer gezogen wurden und die Weinherstellung nie ihre Bedeutung verlor, überrascht es nicht, dass man Georgien für das Ursprungsland des Weines hält.

Für Prinz Wachuschti Bagrationi verlief die Trennlinie zwischen Tiefland und Hochland auf der Höhe, bis zu der Rebstöcke, die in Bergregionen nicht wachsen, verbreitet waren.

Georgische Weinberge wurden in *Maghlaris* (Orte, an denen Rebstöcke an Bäumen hochwuchsen) und *Dablaris* (Orte, an denen Rebstöcke kurz gehalten wurden) eingeteilt. Dass es *Dablaris* von hoher Qualität gab, deutet auf einen gut entwickelten Weinbau hin, bei dem die Menschen nicht nur an der Weinerzeugung, sondern auch an der Pflege der Weinberge teilnahmen.

Der Stamm des Rebstocks, der manchmal recht dick werden kann, wurde von den Georgiern zur Herstellung verschiedener Gegenstände verwendet. Das herausragende Beispiel dafür ist die Tür der Kirche von Ozindale, die aus einem einzigen Stück Rebstockholz besteht. Bilder von Rebstöcken und Trauben sind unverzichtbarer Schmuck in georgischen orthodoxen Kirchen. Weinpressen und die Überreste antiker Weinkeller, die in den Fels getrieben wurden, sind in Iqalto und Wardsia gefunden worden. Jeder Feind kannte die Haltung der Georgier zu Weinbergen und Wein. Aus diesem Grund zerstörten die Araber, Mongolen und die Seldschuk-Türken immer die Weinberge, die von den georgischen Bauern so sehr geschätzt und so mühevoll gepflegt wurden. Sobald die Feinde abgezogen waren, begannen die Georgier neue Weinberge zu bepflanzen und wieder Wein zu keltern.

Weinkeller in Alexander Tschawtschawadses Anwesen in Zinandali, Georgien. Flaschen von Napareuli Cabernet 1911.

Das Pressen des Weins war von vielen strikt zu befolgenden Regeln und Ritualen begleitet. Wein und die Orte, an denen er gepresst und aufbewahrt wurde, die *Marani* (»Weinkeller«), waren im Leben der Georgier von großer Wichtigkeit. Sie waren der Ort für Feste und alljährliche Rituale. In den Dörfern von Gurien wurde am Abend vor *Kalanda* (Neujahr) das folgende Ritual abgehalten: »In der Abenddämmerung führte das Oberhaupt der Familie alle in den Weinkeller. Man hielt brennende Kerzen und ein Tablett mit einem Schweinskopf, Käsebrot und einem Krug Wein in den Händen. Das Familienoberhaupt stellte das Tablett in die Mitte neben ein im Boden vergrabenes Weingefäß, und befestigte die Kerzen daran. Dann drehte er das Tablett dreimal herum, sprach einen Trinkspruch und trank Wein aus dem Weinbecher, aß etwas Käsebrot und Schweinefleisch. Die anderen Familienmitglieder wiederholten den Trinkspruch und begannen, die *Aguna* zu vollziehen. … Einer von ihnen hob einen kleinen Jungen auf seine Schultern und begann zu rezitieren. … Dieser ›Dichter‹ schlug gleichzeitig den Schweinskopf gegen die Weinpresse, und die anderen stimmten ein: ›ho-ho-ho-ho-io.‹«[89]

Das achtzehnte und das neunzehnte Jahrhundert waren sehr wichtig für die Entwicklung des Weinbaus in Georgien. Der georgische Adel nahm aktiv daran Anteil und begann, in seinen Weinkellern exzellente Weine zu produzieren. Der Beitrag des georgischen Dichters und Staatsmannes Alexander Tschawtschawadse und seiner Familie zur Steigerung und Verfeinerung der Qualität der georgischen Weine ist unschätzbar. Sie stellten Wein nach den neuen Methoden her, die sie aus Europa entlehnt hatten.

> »Wir können mit Sicherheit sagen, dass es kein anderes Land gibt, in dem Menschen so guten Wein in solchen Mengen trinken. Wie in Kolchis wachsen die Weinstöcke hier hoch an den Bäumen empor. Viel Wein wird nach Armenien und Isfahan für die königlichen Familien ausgeführt.«
>
> **Jean Chardin** (Französischer Reisender, 1643-1713).

Aber was den georgischen Wein so besonders macht, ist die alte, traditionelle (kachetische) Methode des Pressens der Trauben und der Fermentierung des Saftes in großen, in die Erde vergrabenen Weingefäßen aus Ton (genannt *Kwewri*). »Diese Technik ist einzigartig, weil die Trauben in einer besonderen Weinpresse, ohne die Kerne zu beschädigen, gepresst werden und der süße Saft dann in sehr saubere Weinfässer fließt. Der Rest aus *Tschatscha* (Traubenschalen und -kerne, die nach dem Pressen zurückbleiben) und *Klerti* (die Rebenstängel) wird in den Saft gegeben und ruht dort zehn Tage lang. Der Inhalt der Fässer wird viermal am Tag umgerührt. Das Umrühren ist besonders wichtig für die ideale Fermentierung, die 20-25 Tage dauert, manchmal auch bis zu 40 Tagen.«[90] Es ist besonders wichtig zu wissen, wie lange die *Tschatscha* im *Kwewri* bleiben und wann sie herausgenommen werden sollte.

Unter den Rotweinen ragt der *Saperawi* aufgrund seiner Qualität heraus. Dieser Wein kann in *Kwewris*, in Eichenfässern oder unter Verwendung europäischer Technologie hergestellt werden. Andere ausgezeichnete georgische Rotweine sind *Odschaleschi*, *Tawkweri*, *Schawkapito*, *Tschchaweri* und viele andere. Die Königin der Weißweine ist *Rkaziteli*, aber das mindert nicht die

Qualität und den Wert von *Grünem Kachetiner, Kissi, Chichwi, Tschinuri, Zolikauri* und anderen Weißweinen aus anderen Rebsorten.

Unverzichtbar in der alten georgischen Tradition der Weinherstellung ist das Tongefäß, das tief im Boden vergraben wird. Sein Name, *Kwewri*, muss sich vom Wort *Kweuri* herleiten, das auf Georgisch so viel wie »sich unten Befindendes« bedeutet.

»Guter Wein, der auf Karren nach Iarmuka und Awlabar [Marktplätzen im alten Tiflis] gebracht und dort verkauft wird, kostet pro Eimer 60 Kopeken. Wird er in kleineren Einheiten verkauft, steigt der Preis. … Als den Bauern erlaubt wurde, ihren Wein zu verkaufen, ohne Steuern zu zahlen, wurde er so billig und in solchem Überfluss angeboten, dass es nicht genug Kunden gab, um alles zu kaufen. Je teurer ein Produkt ist, desto besser verkauft es sich in der Regel. … Wenn man entlang der Weinkarren ging, um sie sich anzusehen, wurde man von jedem Verkäufer eingeladen, sein Produkt zu probieren, und jeder versuchte, den Wein noch großzügiger auszuschenken, als die anderen.«[91]

Die Gerichte in Westgeorgien sind würzig und »polyphon«. Dafür sind die dortigen Weine leicht und moussierend. Die Gerichte in Ostgeorgien sind relativ »friedlich«, dafür aber die Weine »aggressiver« und »vielstimmiger«. Die Georgier, die gut in der Weinherstellung sind, beweisen auch einen hochentwickelten Geschmack, denn sie können ihre Weine intuitiv den passenden Gerichten zuordnen.

Barbare und ihre Schwestern

Ich muss gestehen, wenn ich vorher gewusst hätte, dass mir dieses Buch so viel Arbeit machen würde, hätte ich nie den Mut gehabt, damit anzufangen. Was mich zuallererst bewogen hat, ein solches Werk in Angriff zu nehmen, waren die Unannehmlichkeiten und das Leid, denen ich Männer und Frauen durch Misswirtschaft im Haushalt ausgesetzt sah.« Diese Worte stammen aus dem Vorwort zu einem Buch, das im viktorianischen England für die Mittelklasse geschrieben wurde. Der Titel des 1861 von Samuel Beeton (1831-1877) veröffentlichten Buchs lautet *Mrs. Beeton's Book of Household Management* (Frau Beetons Buch der Haushaltsführung). Samuel Beeton hatte seinen eigenen Verlag in London, und die Autorin des Buchs war seine Frau Isabella Beeton.

Es war nicht das erste Haushaltsbuch, das in England veröffentlicht wurde. Ihm ging ein Buch mit dem Titel *Modern Cookery for Private Families* (Moderne Kochkunst für Familien) voraus, das 1845 veröffentlicht wurde. Darin gab die Autorin, die Dichterin Eliza Acton (1799-1859), Hausfrauen nützliche Ratschläge, indem sie bis in alle Einzelheiten beschrieb, welche Zutaten in den verschiedenen Gerichten Verwendung fanden und wie sie zu kochen waren. Sie gab auch an, wieviel Zeit benötigt wurde, um dieses oder jenes Gericht richtig zuzubereiten. 1857 veröffentlichte Eliza Acton ein anderes Werk derselben Art: *The English Bread Book* (Das englische Brotbuch). Die Werke von Eliza Acton dienten als Vorbilder für *Mrs. Beeton's Book of Household Management.*

Isabella Beetons Buch.
Faksimile der ersten Ausgabe. 1861.

Isabella Beeton (1836-1865).

Etwa 60.000 Exemplare wurden bei der Veröffentlichung des Buches 1861 verkauft. 1869 war die Zahl der Exemplare bereits auf zwei Millionen gestiegen, und ihr Buch verwandelte sich von einem Bestseller in einen Rekordbrecher.

Es gibt mehr als 900 Rezepte in *Mrs. Beeton's Book of Household Management.* Sie werden in derselben Form dargeboten wie in modernen Kochbüchern: auf eine Liste von Zutaten folgen Kochanweisungen.

Das Buch beschreibt genau die Zutaten und den Kochvorgang für verschiedene Gerichte und die genaue Anzahl der Helfer, die nötig sind, um es in richtiger Art und Weise zu kochen. Es beschreibt auch die Küche und alle Utensilien, die in ihr Verwendung finden. Es gibt eine Vielzahl nützlicher Ratschläge, angefangen damit, wie man das Dienstpersonal auswählt und eine Beziehung zu ihm aufbaut, bis hin zu medizinischen Maßnahmen, die zu ergreifen sind, falls Kinder krank werden, Benimmregeln beim Empfang der Gäste und sogar Anweisungen für die Führung eines Haushaltsbuchs. Außerdem gibt es rechtliche Hinweise die Regeln des Steuerzahlens und den Umgang mit Pächtern und Ladeninhabern betreffend.

Isabelle Beeton sah sich mehr als Herausgeberin denn als Autorin des Buchs, weil ihre Themen auf dem Wissen und der Erfahrung anderer Menschen beruhten.

Es mag ein seltsamer Zufall sein, wenn nicht mehr, dass im selben Jahr 1861 ein Buch von Jelena Molochowez mit dem Titel *Ein Geschenk an junge Hausfrauen* veröffentlicht wurde, das später in der Sowjetunion als Überbleibsel eines bürgerlichen und dekadenten Lebensstils verboten wurde. Der russische Schriftsteller Jewgeni Samjatin (1884-1937), der nach Frankreich emigriert war, schrieb in den Dreißigerjahren mit großer Bewunderung: »Hier im Exil haben wir zwei bevorzugte Schriftsteller: Die erste ist Jelena Molochowez und der zweite Puschkin.«

Die Bücher von Isabella Beeton und Jelena Molochowez haben denselben Aufbau. Die Tatsache, dass einige Teile des Buches von Beeton in Zeitungen und Zeitschriften vorabgedruckt wurden, spricht dafür, dass sie die erste war. Möglicherweise hat Molochowez diese Artikel (oder sogar das Buch) gelesen, bevor sie das ihre schrieb.

Jelena Molochowez (geb. Burman) wurde 1831 in Archangelsk in Russland geboren und starb 1918 in St. Petersburg. Nachdem sie ihre Ausbildung am Smolny-Institut für adlige Töchter in St. Petersburg erfolgreich abgeschlossen hatte, ging die junge Jelena zurück nach Archangelsk und heiratete den Architekten Franz Molochowez. Bald zog die Familie um, erst nach Kursk und dann nach St. Petersburg, wo *Ein Geschenk an junge Hausfrauen* 1861 veröffentlicht wurde. Dieses Buch wurde in Russland bis 1917 neunundzwanzigmal aufgelegt, die Gesamtauflage betrug 300000 Exemplare. Nach seinem Verbot wurde es bis 1990 nicht wieder aufgelegt. Mir scheint, dass Lenin von Molochowez und ihrem Vermächtnis inspiriert wurde, wenn er zugestand, dass »jede Köchin in der Lage ist, den Staat zu regieren«.

Molochowez hatte schon zu Lebzeiten viele Nachahmer und Plagiatoren. Noch dazu litt der russische Buchmarkt der Zeit unter gefälschten Ausgaben. Sie erschienen unter einem ähnlichen Namen und mit einem ähnlichen Titel wie das Buch der Autorin. Das Buch von Molochowez ist ähnlich konzipiert wie das von Beeton: Es beansprucht, ein Kompendium zu allen Aspekten der Haushaltsführung zu sein und ist für die Mittel- und Oberklassen geschrieben. In der ersten Auflage von Molochowez' Buch gibt es mehr als 1500 Rezepte, deren Zahl später auf 4000 stieg. In der Mehrzahl sind es Rezepte für russische Gerichte, aber das Buch enthält unter anderem auch Rezepte für ukrainische, französische, deutsche, jüdische und türkische Gerichte, die damals in Mode waren.

Der populäre »praktische Ratschlag«, der in Georgien mit Begeisterung Barbare Dschordschadse zugeschrieben wird, gilt in Europa als Schöpfung von Molochowez: »Wenn Sie unerwartet Besuch von Gästen erhalten und nichts im Haus haben, um sie zu bewirten, lassen Sie sich nicht aus der Fassung bringen; gehen Sie einfach in die Speisekammer, nehmen Sie ein oder zwei Stücke Schinkenspeck, ein paar Pfund Butter, ein Dutzend Eier …« – in diesem Stil geht es weiter. Im Hinblick darauf schreibt Molochowez' Biograph, der Niederländer Ekhbert Hartman: »So werden Mythen geboren, denn dieser Satz, der sehr genau zu Jelena Molochowez' Stil passt, findet sich tatsächlich nirgends in ihrem Buch.«

Dreizehn Jahre später, 1874, erschien Barbare Dschordschadses *Georgische Küche und zuverlässige Hinweise zur Haushaltsführung*. Barbare Eristawi-Dschordschadse (1811-1895) – die Schwester des bekannten georgischen Dichters und Verfassers eines naturwissenschaftlichen Wörterbuchs Raphiel Eristawi – war Schriftstellerin, Dramatikerin, Publizistin und eine angesehene Person des öffentlichen Lebens. Ihr Buch folgt dem Vorbild der Bücher ihrer Vorgängerinnen und enthält neben Rezepten für Gerichte, die damals beliebt waren, sehr wichtige Ratschläge zur Haushaltsführung.

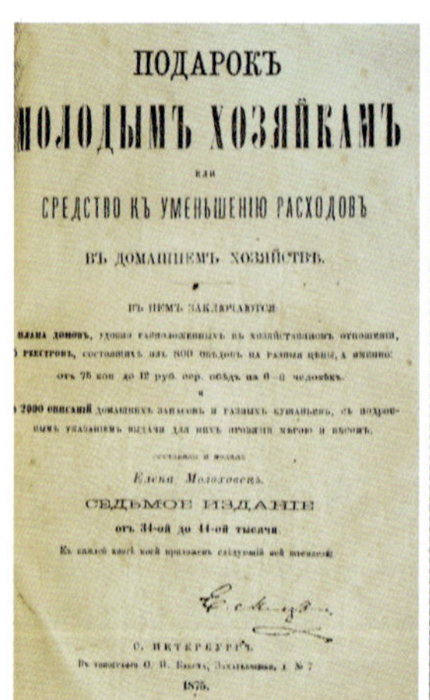

ПОДАРОКЪ
МОЛОДЫМЪ ХОЗЯЙКАМЪ
или
СРЕДСТВО КЪ УМЕНЬШЕНІЮ РАСХОДОВЪ
ВЪ ДОМАШНЕМЪ ХОЗЯЙСТВѢ.
Елена Молоховецъ.
СЕДЬМОЕ ИЗДАНІЕ
отъ 34-ой до 44-ой тысячи
С. ПЕТЕРБУРГЪ.
1875.

Elena Molochowez' Buch. Ausgabe von 1875.

Elena Molochowez (1831- 1918).

Im Vorwort ihres Buches schreibt Barbare Dschordschadse:

»Nachdem ich Zeugin der Reformen im Bauernstand und der Veränderungen unserer Lebensbedingungen geworden bin, habe ich beschlossen, dieses Buch zu schreiben. Ein derartiges Buch gibt es in Georgien noch nicht. Vielleicht werden es die nicht brauchen, die Diener und Köchinnen haben, und die, die Kochbücher in russischer Sprache verwenden können. Aber wer es sich nicht leisten kann, gute Köchinnen einzustellen, oder russische Bücher nicht lesen kann, findet dieses Buch womöglich sehr hilfreich. Überdies können selbst die Wohlhabenden manchmal keine gute Köchin finden, die fähig ist, Mahlzeiten nach dem Geschmack oder den Bedürfnissen ihrer Arbeitgeber zuzubereiten. Fast alle Frauen haben die Pflicht, für ihre Familie zu sorgen. Dieses Buch, das zuverlässige Hinweise und Rezepte enthält, wird ihnen als gute Anleitung zum Kochen georgischer Gerichte dienen und ebenso zu allen anderen Aspekten der Haushaltsführung wie der Vorratshaltung von Zutaten und Rohstoffen, der Herstellung von Wein und Wodka, dem Färben von Garnen, der Herstellung von Seife und Marmeladen, dem Einmachen von Gemüse und anderen Dingen, die für jede Familie unerlässlich sind, vor allem wenn sie auf dem Land lebt. Ich habe auch Rezepte für einige schnelle europäische Gerichte hinzugefügt. Wenn meine Arbeit für meine Landsleute hilfreich ist, wird das der volle Lohn für meine Mühe sein. Wenn wichtige Informationen fehlen, wäre ich allen sehr dankbar, die mich freundlicherweise darüber in Kenntnis setzen und mich mit ihrem Ratschlag dazu ermutigen, die nächste Auflage fehlerfrei zu machen.«[92]

Obwohl von Geburt eine Adlige (oder vielleicht gerade deshalb), hat Barbare Dschordschadse niemals die Aufmerksamkeit auf ihre im Vergleich zu einfachen Leuten privilegierte Stellung gelenkt. Das ist umso verblüffender, wenn man bedenkt, dass sich in Jelena Molochowez' Buch ein eigenes Kapitel über die Ernährung der Dienerschaft findet: »Gießen Sie das geschmolzene Fett alle 10 bis 15 Minuten aus dem Topf, bis alles geschmolzen ist und nur noch die harten Stücke übrig sind. Geben Sie diese Reste den Dienern, damit sie sie für ihren Getreidebrei verwenden können.« In Molochowez' Buch gibt es eine ganze Reihe solcher Hinweise, sodass es kein Zufall war, dass die sowjetischen Ideologen es verboten haben. Der russische Dichter Arseni Tarkowski »widmete« ihm sogar ein sarkastisches und beleidigendes Gedicht.

Barbare Dschordschadse (1811-1895).

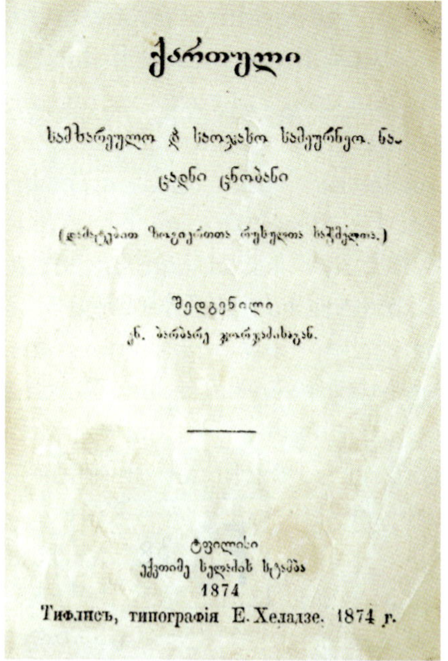

ქართული

სამზარეულო და საოჯახო სამეურნეო ნა-
ცადნი ცნობანი

(დამატებით ზოგიერთთა რუსულთა საჭმელთა.)

შედგენილი
კნ. ბარბარე ჯორჯაძისაგან.

ტფილისი
ექვთიმე ხელაძის სტამბა
1874
Тифлисъ, типографія Е. Хеладзе. 1874 г.

Barbare Dschordschadses Buch. Erste Ausgabe 1874.

Barbare Dschordschadses Beitrag zur Aufklärung ihrer Landsleute kann von den Georgiern gar nicht hoch genug geschätzt werden. Ihr Buch *Georgische Küche und zuverlässige Hinweise zur Haushaltsführung* ist das Ergebnis ihrer Tätigkeit auf diesem Gebiet. Es ist ein literarisch-historisches Werk, nicht so umfangreich wie die Bücher von Isabella Beeton oder Jelena Molochowez, und es enthält nicht so viele Rezepte. Es gibt allerdings einen genauen und detaillierten Einblick in die damalige Wirklichkeit, indem es uns wertvolle Informationen über die Gerichte und Rohstoffe bietet, die im Georgien ihrer Zeit gegessen wurden, aber bis vor Kurzem verschwunden gewesen sind. Dazu gehören beispielsweise Artischocken und gelber Ingwer. Es genügt wohl, in Erinnerung zu rufen, was wir aus Barbare Dschordschadses Buch über Safran erfahren. In der ersten Auflage (1874) finden wir dieses Gewürz in zehn Rezepten. In vier davon ist es der sogenannte georgische Safran (Ringelblume), in den übrigen echter Safran. Die Autorin unterscheidet ausdrücklich zwischen diesen beiden Gewürzen, indem sie das eine Safran (*Crocus sativus*), das andere georgischen Safran (*Tagetes erecta*) nennt. In der zweiten Auflage, die 1914 von ihrer Tochter herausgegeben wurde, erscheinen beide Gewürze unter der Bezeichnung Safran. (Es muss angemerkt werden, dass die zweite Auflage sich recht deutlich von der ersten unterscheidet. Ich fürchte, das dürfte auf den starken Einfluss von Jelena Molochowez' Buch zurückzuführen sein.)

Crocus sativus (der echte Safran) hat einen sehr intensiven Geschmack und Duft. Aus diesem Grund wird empfohlen, ihn vorsichtig und in sehr kleinen Mengen zu verwenden. Er sollte in Wasser eingeweicht und dann tropfenweise dem Gericht hinzugefügt werden, mit der Hilfe eines Wattebauschs oder auf andere Art. In Barbare Dschordschadses Buch wird diese Methode, Safran zu verwenden, genau beschrieben. Hier ist ein Beispiel, das dem Rezept für *Borani* aus Bohnen entnommen ist: »Sie sollten den Safranextrakt im Voraus herstellen, indem Sie ein Achtelgramm in Wasser einweichen, um es später mit einem Wattebausch über das Gericht zu träufeln.« Wie man sieht, kannte man Safran im Georgien des neunzehnten Jahrhunderts und verwendete ihn zum Würzen von Speisen. Aber in einem von Iwane Dschawachischwili herausgegebenen Buch, das die 1935 in ganz Georgien gesammelten ethnographischen und kulinarischen Daten enthält, findet sich *Crocus sativus* nirgends. Es gibt dafür zwei mögliche Erklärungen: Echter Safran könnte entweder von den Georgiern nicht mehr benutzt und vergessen worden sein, oder er war sehr teuer und bereits im neunzehnten Jahrhundert nur einer kleinen Gruppe von relativ wohlhabenden Familien bekannt und für sie erschwinglich. Iwane Dschawachischwili zufolge wird der »Georgische Safran« (*Tagetes erecta*), wie auch die meisten anderen Gewürze, nur in Westgeorgien – vor allem in der gurischen, imeretischen und megrelischen Küche – verwendet. In Ostgeorgien werden hauptsächlich getrocknete Kräuter verwendet.

Eine weitere interessante Besonderheit von Barbare Dschordschadses Buch ist, dass in der Ausgabe von 1874 das Wort *pom d'amur* statt der Bezeichnung »Tomate« verwendet wird, wobei diese Frucht als *russische Aubergine* beschrieben wird, während die Autorin für die Aubergine selbst die Bezeichnung *georgische Aubergine* gebraucht. Es überrascht nicht, dass Barbare Dschordschadse mit dem alten europäischen Namen der amerikanischen Tomatenpflanze (*pom d'amur*) vertraut war, aber warum sie sie als »russische Aubergine« bezeichnet, ist unklar und bleibt erklärungsbedürftig.

In einem Nachtrag zu ihrem Buch macht Barbare Dschordschadse Vorschläge zur Zubereitung einiger russischer Gerichte. Hier finden wir russische und ausländische Begriffe wie *Rostbif* für Rindersteak, *Sharkoi* für Fleischeintopf, *Trubutschka* für ein Sahnehörnchen, *Pranzizuli bulki* für die französische Brioche, *Angliuri pilpili* für englischen Pfeffer (Piment), *Pravanski zeti* für provenzalisches Speiseöl, *Maroshina* für Eiscreme und andere.

Barbare Dschordschadses Buch hatte dasselbe Schicksal wie das Buch von Jelena Molochowez – es war in der sowjetischen Zeit verboten. Erst 1988, in der Epoche der Perestroika, konnte das Buch in der Fassung neu erscheinen, in der es Dschordschadses Tochter Manana Dschordschadse-Hechtmann 1914 unter dem Titel *Die vollständige Kochkunst* herausgegeben hatte.

Für die sowjetischen Ideologen waren die Bücher von Jelena Molochowez und Barbare Dschordschadse Zeugnisse eines bürgerlichen und aristokratischen Lebensstils und mussten durch Kochbücher ersetzt werden, die den Bedürfnissen des »neuen Lebens« gerecht wurden. Die Verwerfung der Vergangenheit hielt die »neuen« Autoren nicht davon ab, die Rezepte und Ratschläge der »alten« zu kopieren, natürlich ohne ihre Namen zu erwähnen. Ein gutes Beispiel dafür ist das Buch, das 1956 im sowjetischen Georgien von Nino Choperia unter dem Titel *Das Haushaltsbuch* verfasst wurde.

1952 veröffentlichte der Verlag Pischtschepromisdat *Ein Buch der köstlichen und gesunden Nahrung* unter der Aufsicht eines »bekannten sowjetischen Ernährungswissenschaftlers«, des »Vaters der sowjetischen kulinarischen Kultur« (der verantwortlich war für die berüchtigten *Fischtage*, Donnerstage, an denen die gesamte Sowjetunion nach gebratenem Fisch stank), der niemand anderes war als der sowjetische Politiker Anastas Mikojan. Er zitierte als Motto Stalins Worte: »Die exklusive und besondere Eigenart unserer Revolution ist, unserem Volk nicht nur die ersehnte Freiheit zu bringen, sondern auch materielles Wohlergehen und die Gelegenheit, ein reiches kulturelles Leben zu führen.«

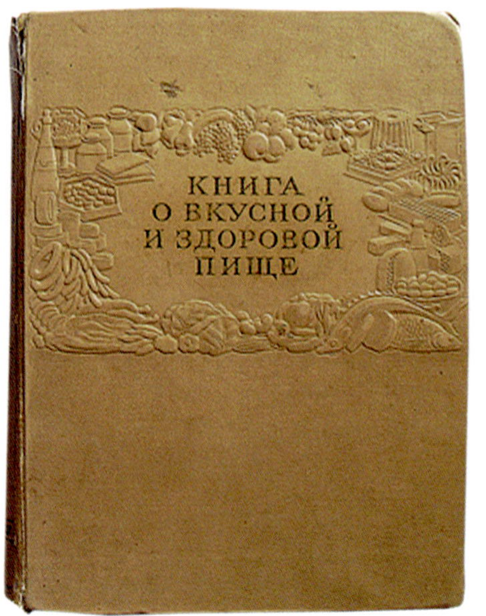

Ein Buch über die köstliche und gesunde Nahrung, Ausgabe von 1952.

Die Etikette

Zwar bemerkte Jonathan Swift 1738 scharfzüngig, die Finger seien eine frühere Erfindung als die Gabel und die Hände eine frühere als das Messer, aber der Mensch benutzt das Messer seit undenklichen Zeiten. Seswa und Msia waren auch keine Ausnahmen. In ihrer Nähe sind unterschiedliche Schneidegeräte gefunden worden. Anfangs stellten die Menschen die Messer bzw. Schneideinstrumente aus Felsbrocken her, dann aus dem vulkanischen Gesteinsglas Obsidian und später aus Bronze, Eisen, Stahl und Titan. Neben dem alltäglichen Gebrauch war das Messer für rituelle und religiöse Zwecke bestimmt. So auch die Gabel. Die Ägypter benutzten den massiven »Bronze-Vorfahr« der Gabel zum Aufspießen der Opfertiere bei den religiösen Ritualen. Viele Jahrhunderte mussten jedoch vergehen, bis man die Gabel »zu Tisch bat«, sich mit ihr anfreundete und sie beim Essen zu benutzen lernte.

Vielen Forschern zufolge wurde die Gabel im 4. Jahrhundert in Konstantinopel zum ersten Mal beim Tafeln benutzt. Im 7. Jahrhundert gebrauchte man kleine Gabeln hie und da im Nahen Osten. 1075 brachte die byzantinische Prinzessin Theodora eine kleine goldene Gabel mit zwei Zinken aus Konstantinopel nach Venedig, wohin sie nach ihrem Heirat mit dem Dogen Domenico Selvo zog. Die Gabel verschwand aber für

Theodora Anna
(Byzantinische Prinzessin, 1058-1083).

mindestens 300 Jahre vom Tisch, da die Kirche sie strikt ablehnte: Die Gabel gehörte zum Werk des Teufels.

Später fand die Gabel eine Anwältin und Befürworterin in der Person von Caterina de' Medici. Als sie 1533 den französischen König Heinrich II. heiratete, brachte sie Dutzende von Silbergabeln, gefertigt von dem berühmten Benvenuto Cellini (1500-1571), als Mitgift nach Paris. Trotzdem dauerte es, bis man sich an die Gabel gewöhnt hatte. In Italien wurde sie zwar Ende des 16. Jahrhunderts auf die Liste der Gebrauchsgegenständen des täglichen Lebens aufgenommen, aber in Frankreich konnte sie erst im 17. Jahrhundert die Anerkennung finden. Obwohl laut Protokoll das Essen mit der Hand als »unzivilisiertes Benehmen« verboten war, soll Ludwig XV. weiterhin auf die Gabel verzichtet und nur das Messer beim Fleischverzehr benutzt haben.

Der Einzug der Gabel stimulierte die Verbreitung von Speisen, die ohne Gabel schwer genießbar waren. (Was die Benutzung von Fladenbrot oder Schnittbrotscheiben anstelle der Teller angeht, so galt das als eine Norm sowohl in den östlichen Ländern, einschließlich Georgien, als auch im mittelalterlichen Europa.)

1889 berichtete Sakaria Tschitschinadse, der bekannte georgische Literaturkritiker und Herausgeber, Folgendes über die Gabel:

»Von Anfang an bis zum 17. Jahrhundert aß der Mensch mit Fingern, er war es nicht gewohnt, mit der Gabel umzugehen, und es kam selten vor, dass sich jemand des Löffels bedient hätte. Bei den durch ihren unzählbaren Reichtum und unbeschreibliche Schönheit bekannten Gastmählern von Lukullus im wunderbaren Rom des Julius Cäsar hielten die Gäste es nicht für eine Schande, ihre Finger in das Essen zu stecken, um die Stücke herauszunehmen. … Obwohl man in den alten Zeiten keine Gabeln und Löffel benutzte, existierten bereits damals eine Etikette und gute Manieren, die zu beachten waren. So galt es z. B. als unhöflich, die ganze Hand in die Schale zu stecken: Der Gast durfte das Essen nur mit den Fingern kurz berühren, ohne nach dem begehrten Stück suchend in der Schale herumzutasten. … Die Tischgewohnheiten änderten sich erst im 16. Jahrhundert. Bis dahin aß man auch Gebratenes ohne Gabel.«[93]

Selbst Anfang des vergangenen Jahrhunderts war die Gabel eine ziemliche Rarität bei uns. Für immer prägte sich eine lustige Geschichte über die französische Großmutter einer meiner Freundinnen in mein Gedächtnis ein.

Messer und Gabeln von Eugenio Belosio. 1887.

Der Großvater meiner Freundin, ein georgischer Student, der noch vor der Abdankung des letzten russischen Zaren nach Frankreich gegangen war, heiratete die Tochter seines Pariser Professors und brachte sie in sein Heimatdorf im westgeorgischen Gurien, um sie seinen Eltern und Verwandten vorzustellen. Die Georgien-Kenner werden sich ohne große Mühe vorstellen können, welchen Kulturschock die in Paris großgewordene Professorentochter erlebte. Trotzdem soll sie, ihrem Ehemann zuliebe, die Besonderheiten des damaligen dörflichen Lebens in meinem heißgeliebten Gurien tapfer ertragen haben. Mehr noch: Als wohlerzogene junge Dame fand sie alles wunderbar und bezauberte ihre Schwiegerfamilie durch diese Haltung. Nur wäre sie um ein Haar vor Hunger gestorben, denn es dauerte ziemlich lange, bis die Gastgeber endlich begriffen, warum die Braut fast nichts aß. Sie war nicht schüchtern und das Essen hätte ihr auch geschmeckt, allein die »Gabellosigkeit« war das Hindernis: Im Bauernhaus des Bräutigams war keine Gabel zu finden. Die für ihren Einfallsreichtum bekannten Gurier dachten nach und fanden eine

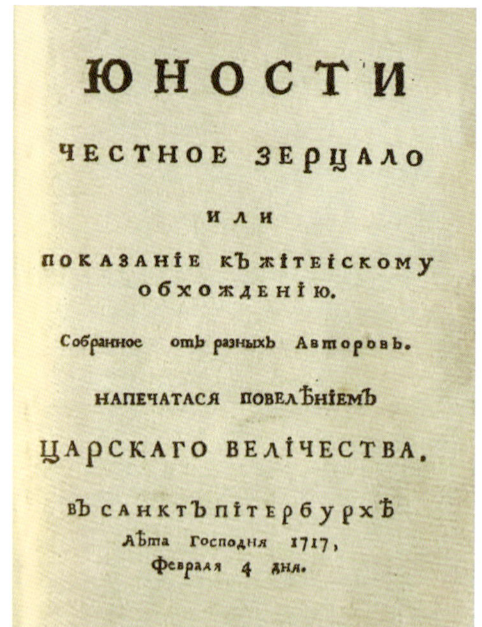

ЮНОСТИ
ЧЕСТНОЕ ЗЕРЦАЛО
ИЛИ
ПОКАЗАНІЕ КЪ ЖІТЕІСКОМУ
ОБХОЖДЕНІЮ.
Собранное отъ разныхъ Авторовъ.
НАПЕЧАТАСЯ ПОВЕЛѢНІЕМЪ
ЦАРСКАГО ВЕЛІЧЕСТВА.
ВЪ САНКТЪПІТЕРБУРХѢ
Лѣта Господня 1717,
Февраля 4 дня.

Der Jugend Ehrenspiegel. Ausgabe von 1717.

Peter der Große (1672-1725).

Lösung: Sie schickten einen Boten in den zu einem Museum umgestalteten Palast des enteigneten Prinzen Gurieli. Gegen eine schriftliche Rückgabeverpflichtung erlaubte die Museumsleitung der Familie des Bräutigams, die zur ständigen Exposition gehörende Gabel des Prinzen zeitweilig im privaten Raum zu verwenden.

Hier noch ein Auszug aus dem Aufsatz von Sakaria Tschitschinadse:

»Die außer England in ganz Europa verbreitete Gewohnheit, sich vor dem Essen die Hände zu waschen, ist im Mittelalter entstanden. Man wusch sich vor jedem neuen Gang die Hände. Eine goldene oder silberne Waschschüssel in der Linken und einen Krug in der Rechten haltend, näherte sich ein Diener jedem der Gäste und goss behutsam Duftwasser in die Schüssel. Das gemeine Volk hielt sich nicht fest an dieser Sitte und selbst Napoleon wusch sich die Hände nur einmal – vor dem Essen. Das Essen auf dem Tisch blieb zugedeckt, solange nicht alle Gäste ihren Platz genommen hatten. Nach jedem Gang wurde die Tischdecke gewechselt: Sie sah kläglich aus, weil die Gäste daran ihre Hände abwischten. Man aß nicht nur das Gebratene mit der Hand, sondern man teilte selbst die Suppe in der Schüssel mit den Tischnachbarn. … Hier einige alte Tischregeln: ›Warte, bis der andere sich ein Stück geholt hat‹, ›Lass die Finger nicht zu lange in der Schüssel stecken‹, ›Wenn dein Tischnachbar ein kleineres Stück bekommen hat als du, dann teile deines mit ihm‹, ›Nimm dir das Fleisch mit drei Fingern, schneide es in kleine Stücke und führe jedes Stück mit einer Hand, nicht mit beiden, zum Mund‹, ›Iss soviel du essen kannst, schone deinen Gastgeber nicht, er freut sich, wenn du seine Bewirtung genießt.‹«[94]

In dieser Hinsicht ist ein Buch, das 1717 im Auftrag des Zaren Peter I. in Russland erschienen ist, von besonderem Interesse: *Der Jugend Ehrenspiegel.* Grundsätzlich ist das Buch eine Übersetzung der Schriften von Erasmus von Rotterdam und anderen europäischen Autoren über die Verhaltensregeln der jungen Menschen und die Etikette. Einige Auszüge aus dem Buch machen uns mit dem Engagement Peters zur »Europäisierung« russischen Adels vertraut:

»Es ist eine Unsitte, mit den Armen und Beinen am Tisch zu schlenkern. Iss ruhig. Messer und Gabel sind nicht dazu da, um mit ihnen auf dem Teller und der Tischdecke zu kratzen, die Speisen zu löchern und auf dem Tisch zu klopfen. Sitz ruhig und gerade, krümme dich nicht. … Greif nicht als erster nach der Speise; friss nicht wie ein Schwein; puste nicht gewaltig in die Suppe, um nicht überall zu kleckern; schnaube nicht beim Essen; trink nicht als erster, beherrsche dich, betrinke dich nicht; iss und trink nicht mehr als du nötig hast; nimm dir das Essen erst, nachdem man es dir einige Male angeboten hat, aber nimm dir nur ein wenig und reiche den Rest an andere; bedanke dich. … Wisch dir den Mund nicht mit der Hand ab, sondern mit einem Tuch; trink nicht, bevor du den Happen nicht geschluckt hast; lecke nicht deine Finger und knabbere nicht am Knochen; steck nicht das Messer zwischen die Zähne, sondern einen Zahnstocher, und halte die andere Hand dabei vor dem Mund. … Kratze nicht an deinem Kopf und rede nicht mit vollem Mund, wie die Bauern es zu tun pflegen.«[95]

Die Erzählung vom »Schwarzen Vogel«

Die Europäer verdanken ihre Tischkultur dem Musiker, Geografen, Astronomen, Gastronomen, Kosmetiker und überhaupt Maitre des Stils und der Finesse Abu l-Hasan Ali Ibn Nafi, genannt Ziryab (»schwarzer Vogel« oder »die Amsel«). Nach der Auffassung einiger Forscher war der 789 in Bagdad geborene Ziryab kurdischer Abstammung.

Ziryab ließ sich 822 in Córdoba nieder. Spanien, vor der Besetzung durch Berber ein »barbarisches« Gotenland, das die Araber *al-Andalus* nannten (angeblich leitet sich *Andalus* von *Vandalus* ab), war der westlichste und zugleich rückständigste Teil des riesigen Kalifats, der weit entfernt von den blühenden Kultur- und Wissenschaftszentren Damaskus und Bagdad lag.[96]

Nach dem Fall des Römischen Reichs geriet der Stil als solches in Europa in Vergessenheit. Die andalusische Nahrung war derb und ihr Verzehr ungeordnet. Ziryab, ein herausragender Sänger und Gelehrter in Diensten des Emirs von Córdoba Abd ar-Rahman II., veränderte das Leben in Andalusien – später auch in Europa – grundsätzlich. Die Liste seiner Innovationen ist sehr lang. Er eröffnete das erste Konservatorium sowie die erste Kosmetikschule in Córdoba, er schuf die Grundlagen für die moderne spanische Gitarre und den Flamenco, er führte einen neuen Stil ein – vom Haarschnitt bis zur Saisonbekleidung. Die Zahnpasta gehört ebenfalls zu Ziryabs Erfindungen. Er brachte den andalusischen Handwerkern bei, wie man lederbespannte Tische und feine Möbelstücke herstellen sollte; er führte das Tischtuch ein und ließ die Trinkgefäße aus Gold und anderem Metall durch elegante Kristallgläser ersetzen.

Ziryabs Garten. Miniatur aus dem sechzehnten Jahrhundert.

Ziryab legte eine Reihenfolge von Speisen sowie ihre streng geregelte Darbietung fest: Zuerst eine Suppe, danach Geflügel, Fisch oder Fleisch und zum Schluss ein Dessert. Solche Regeln kannte man selbst in Bagdad und Damaskus nicht, ihre Einführung ist ein persönlicher Verdienst Ziryabs und sie gelten bis heute in der gesamten westlichen Welt. Ziryab, ein Orientale, erfand und etablierte im Okzident eine Esskultur, die sich grundsätzlich von der orientalischen unterschied. Heute wird Ziryabs Name kaum noch im Westen erwähnt. Kein Wunder. Weltweit fällt es einem kulturellen Gedächtnis schwer, die Erfindung der eigenen Tradition durch Fremde, insbesondere durch Eroberer, anzuerkennen.

Restaurant. Tbilissi, Georgien. Neunzehntes Jahrhundert, unbekannter Künstler.

Merkwürdigerweise nennt man die Art, wenn die unterschiedlichen Speisen als Gänge – also nicht gleichzeitig, sondern aufeinanderfolgend – serviert werden, *Service à la russe*. Dara Goldstein zufolge hat sich diese Art des Tafelns in der Herrschaftszeit des Zaren Peter I., also zwischen 1682 und 1725, in Russland etabliert.[97]

Dem *Service à la russe* und der Bedienung nach Ziryabs Art war gemeinsam, dass das servierte Gericht nicht auf den Tisch gestellt wurde. Neu am *Service à la russe* war, meines Erachtens, dass jedem Gast eine fertige Portion serviert wurde.

Es wird angenommen, dass Frankreich die Speisenabfolge und -portionierung von Russland übernommen hat. Davor hat man in Frankreich nur ein *Service à la francaise* gekannt, das sich aus der Esskultur des Mittelalters und der Renaissance entwickelt hatte. Die riesigen Tische waren voll mit unterschiedlichen und wunderbar dekorierten Speisen. Die Gäste nahmen sich

Stücke von den Speisen, die am nächsten auf dem Tisch standen. Es war angebracht, einen Diener zu bitten, ein Stück von einer weiter weg stehenden Speise abzuschneiden. Mehrmalige Wiederholung einer solchen Bitte galt jedoch als unhöflich. Margaret Visser zufolge entstand gerade unter solchen Bedingungen die Gewohnheit, sich gegenseitig Achtung und Aufmerksamkeit zu bezeugen, indem man eine in der Nähe stehende Speise dem weiter weg sitzenden Tischgast reichte.[98]

Es werden zwei Personen genannt, die die russische Art in Frankreich eingeführt haben könnten: Der französische Koch Marie-Antoine Carême (1784-1833) und Graf Alexander Kurakin (1752-1818), russischer Botschafter in Österreich und Frankreich von 1806 bis 1812.

Carême, Chefkonditor des Talleyrand und Koch im Hause Rothschild, diente auch Napoleon, dem britischen König George IV. und dem österreichischen Kaiser Franz I. Man nannte ihn *Koch der Könige, König der Köche.* Auf Einladung des Zaren Alexander I. besuchte er Russland, verließ aber das Land sehr bald, sodass es ihm nicht gelang, auch nur eines seiner berühmten Gerichte für den Zaren zu kochen.

1870 kehrte Urbain Francois Dubois (1818-1901), Chefkoch des berühmten russischen Generals Graf Alexei Orlow (1786-1861), aus Petersburg nach Paris zurück. Er soll sich mit besonderem Nachdruck für die neue, »russische« Bedienungsmethode eingesetzt haben. Es ist bemerkenswert, dass man auch in Deutschland die Gäste auf diese Art bewirtete, weshalb man von der Bedienung *à l'allemagne* sprach.[99]

Im Westen ist das Festessen streng strukturiert. Man lädt lange im Voraus ein. Man erscheint pünktlich zur vereinbarten Uhrzeit. Der eingeladene Gast bekommt seinen Sitzplatz zugeordnet, kein anderer kann seinen Platz besetzen. Es wird ihm mitgeteilt, welche Speisen in welcher Reihenfolge serviert werden. Das Essen wird je nach der genauen Zahl der geladenen Gäste zubereitet. Den Gast zum Essen zu drängen, gilt als unhöflich. Nach der Nachspeise ist das Essen bald zu Ende.

In Georgien ist die Struktur des Festessens dagegen locker. Man kann kurzfristig eingeladen werden und man staunt nicht darüber. Wenn man zu spät kommt, fühlen die Gastgeber sich nicht beleidigt. (Es wird sogar ein Toast auf den Verspäteten – wortwörtlich: den Sich-uns-soeben-Angeschlossenen – ausgebracht. Dass man sich verspätet hat, ist nicht schlimm; was zählt, ist, dass man gekommen ist.) Man kann sogar eine Person mitbringen, die nicht eingeladen war, man wird dafür nicht gerügt. Man setzt sich an den Tisch, wo man gerne sitzen möchte. Immer mehr Speisen werden serviert und sie bleiben alle auf dem Tisch stehen. Ihre Quantität und Vielfalt sowie das Drängen der Gäste zum Essen ist der Ausdruck der Gastfreundschaft. Man bleibt lange – oft bis spät in der Nacht – um den Tisch sitzen, was auf eine gute Bewirtung und eine fröhliche Atmosphäre hindeutet.

Wenn ich die strenge Strukturierung des Festessens im Westen betone, so bedeutet dies keinesfalls, dass das georgische Gastmahl unstrukturiert sei. Ganz im Gegenteil, wie wir es im Folgenden sehen werden.

»*Und im Haus wußt ich zu schmausen*«

In Georgien wird gern gefeiert. Als das Volk noch heidnisch war, wurde das Ritual der Verehrung für ihre Gottheit *Armasi* immer durch ein traditionelles Fest gekrönt: »Nachdem man *Armasi* verehrt hatte, veranstaltete man ein großes Fest, bei dem es viel zu essen und zu trinken gab, und feierte fröhlich.«[100]

Der deutsche Schriftsteller Arthur Leist beschreibt das »Goldene Zeitalter« Georgiens während der Herrschaft der Königin Tamar mit den Worten: »Die Georgier waren große Schlemmer, und nur der Klang von Schwertern, die auf Rüstungen prallen, konnte ihre endlosen Feierlichkeiten unterbrechen, die sofort wieder aufgenommen wurden, sobald der Krieg vorbei war. Dann feierten sie die großen Siege ihrer ausgezeichneten Ritter.«[101]

> »So herrschte lange Jahre Lust und Frohsinn in der georgischen Hauptstadt, wenn auch dies Festtagsleben einer mit sich selbst zufriedenen Ritterschaft oft von Waffengeklirr und Kriegsgeräusch unterbrochen wurde. Nach den fast stets siegreichen Feldzügen glich die Rückkehr des Heeres nach Tiflis immer einem Triumphzuge, dessen Pracht oft fabelhaft war, denn außer zahlreichen Trophäen brachten die Sieger eine Beute heim, deren Wert unberechenbar schien. Alle Schatzkammern in den Schlössern der Ritter füllten sich mit Schätzen; Gold und Edelsteine wurden massenhaft verhandelt und die Pferde der in die Hauptstadt einziehenden siegestrunkenen Krieger stampften über kostbare Teppiche, die bei dem Zufluss so reicher

VOYAGES
DE MONSIEUR
LE CHEVALIER CHARDIN,
EN PERSE,
ET AUTRES LIEUX
DE L'ORIENT.

TOME PREMIER,

Contenant le Voyage de *Paris* à *Iſpahan*, Capitale de l'Empire de PERSE.

Enrichi d'un grand nombre de belles Figures en Taille-douce, repréſentant les Antiquitez & les Choſes remarquables du Païs.

A AMSTERDAM,

Chez JEAN LOUIS DE LORME.

M. DCC XI.

Schätze keinen Wert mehr hatten. Es waren das geräuschvolle Zeiten und das heutige stille Tiflis mochte wohl damals ein ganz anderes Bild gewähren. Ohne Unterlass weilten in seinen Mauern ein paar Tausend vergnügungssüchtiger Ritter, lange Karawanen durchzogen seine Straßen und Festgesänge ertönten in seinen Palästen, die von reich geschmückten Männern und Frauen bevölkert waren.«

Arthur Leist, *Georgien. Natur, Sitten und Bewohner*. Leipzig 1885, S. 96

Im berühmten mittelalterlichen Poem *Der Recke im Tigerfell* von Schota Rustaweli lesen wir:

Am Turnierplatz warf ich Bälle,
führte Schleuder, Keul und Prügel,
und im Haus wußt ich zu schmausen,
klapperte mit Napf und Krügel.

Prinz *Wachuschti* Bagrationi beschreibt die Georgier: »Sie essen ihre Mahlzeiten und feiern ihre Feste, indem sie auf Stühlen um einen Tisch herum sitzen. … Sie trinken Wein und essen das Fleisch von Vieh und Wild. Sie feiern mit dem König und allein, und wissen die Vorzüge der Verwandtschaft und der Freundschaft wohl zu schätzen. … Sie wissen, wie man fröhlich feiert und wie man trauert.«[102]

Eines des besten Beispiele für die Kultur der Festmähler im Georgien des sechzehnten Jahrhunderts bietet das Buch des französischen Reisenden Jean Chardin (1643-1713), in dem er die Hochzeitsfeier des Neffen Königs Wachtang V. beschreibt, die 1672 stattfand:

»Die Hochzeitsfeier wurde auf der Terrasse des Palastes abgehalten, die von dichtbelaubten Ästen überschattet war. Ein zwei Fuß hohes und sechs Fuß breites hölzernes Podium wurde um die Terrasse herum errichtet, und die Wände wurden meisterlich ausgekleidet mit gold- und silberfarbenem Seidenbrokat, Samt und gemusterter Leinwand, und sie glichen maurischem Zierrat oder einem Blumengewinde im Licht der Fackeln. Der Boden war mit schönen Teppichen bedeckt. Die Gäste saßen auf dem Podium. An einer der Wände, auf einem hohen Sitz unter einem gewölbten Baldachin, saß der Monarch, sein Sohn und seine Brüder zu seiner Rechten und Bischöfe zu seiner

Erste Ausgabe des Buches von Jean Chardin. Amsterdam 1711.

Tifliser Händler feiern mit Drehorgelspieler, Gemälde von Niko Pirosmani.

Linken. Der Bräutigam saß zwischen ihnen. Der Monarch platzierte mich neben einen Bischof, in die Gesellschaft der Kapuzinermönche. … Die Speisen wurden auf großen Silbertabletts serviert. In Europa verwenden wir nie so große Tabletts. … Einige der Diener trugen die Speisen auf und stellten die Tabletts auf die Tafel. Einige andere brachten sie zu den Aufwärtern, die sie auf die Tabletts legten und den Gästen die verschiedenen Gerichte auftaten. … Die Gerichte wurden einer strengen Ordnung folgend serviert. Die Diener machten ihre Arbeit ausgezeichnet, indem sie sich still und ohne jedes Geräusch bewegten. Drei Europäer, die an einem kleinen Tisch sitzen, können viel mehr Lärm verursachen als hundertfünfzig Gäste, die zu einer Hochzeit eingeladen sind. Neben dieser verblüffenden Ordnung war es der Überfluss von Geschirr, der meine Aufmerksamkeit auf sich zog. Es gab etwa einhundertzwanzig Schüsseln, Tassen, breitlippige, irdene Krüge und Weinhörner, sechzig Kannen und zwölf Trinkgefäße mit Henkeln. Letztere waren alle aus Silber. Die Kannen waren entweder aus purem Gold oder aus mit Emaille verziertem Gold. Die übrigen Weingefäße waren entweder vergoldet oder aus Gold oder emailliert; einige waren aus mit kostbaren Steinen besetztem Silber. Die Trinkhörner, die auch mit ziseliertem Silber verziert waren, hatten verschiedene Größe. Die meisten von ihnen waren acht Zoll lang und zwei Zoll breit, schwarz und blankpoliert. Einige sind aus dem Horn eines Nashorns gefertigt, andere aus dem eines anderen wilden Tiers, aber die meisten sind aus den Hörnern von Ochsen oder Schafböcken gemacht. Hörner als Trinkgefäße zu verwenden und sie auf Hochglanz zu polieren, war bei den Völkern des Ostens immer sehr beliebt.«[103]

Pater Don Giuseppe Giudice vom Theatinerorden in Mailand gibt uns Informationen über ein Festmahl, das in Gurien (in Westgeorgien) zu Beginn des siebzehnten Jahrhunderts abgehalten wurde:

»Der Bischof von Gurien ist zugleich der Herrscher über die Region. Er hieß uns sehr herzlich willkommen und lud uns zweimal zu einer Feierlichkeit in seine Residenz ein. … Folgendes haben wir bei den Feierlichkeiten beobachtet: Das Fest begann spät am Abend und dauerte bis nach Mitternacht. Abgesehen davon, dass er Wein aus verschiedenen Gefäßen trinkt, muss der Bischof dreimal aus einem großen Gefäß trinken. Er steht auf und tritt nach vorn. Alle anderen Bischöfe (und es gab viele von ihnen an der Tafel) standen ebenfalls auf. Eine große Schale Wein wird dem Bischof gereicht, der davon so

Ein Hochzeitsfest in Tbilissi, Georgien.
Illustration aus dem Buch von Jean Chardin.

viel trinkt, wie er kann und das Gefäß weitergibt. Sie singen fröhliche Lieder, während sie trinken. Danach geht der Bischof zurück an seinen Platz und fährt fort zu essen. Diese Zeremonie wird dreimal wiederholt und scheint sehr wichtig zu sein.«[104]

Ein Jahr später wohnte ein Georgier einem Bankett in der Gesellschaft von Katholiken in Rom bei. Dieser Georgier war der Botschafter Sulchan-Saba Orbeliani, der von Papst Clemens XI. empfangen wurde. Er beschreibt dieses Bankett mit folgenden Worten:

»Im August gingen wir seine Heiligkeit den Papst besuchen … Er führte uns eine Treppe hinab in eine winzige Kammer. Zwölf Bettler wurden dort jeden Tag empfangen. … Eine Tafel wurde mit wundervollen Blumen geschmückt. Der Papst stand am Kopfende der Tafel. Einige Leute brachten Speisen herein. Dem Papst wurden die Speisen zuerst serviert, aber er bot sie zwei Bettlern an. Die Kardinäle verteilten den Rest der Speisen unter den übrigen Bettlern. Der Papst segnete die Tafel, und wir knieten alle nieder. … Die Bettler wurden mit großem Respekt behandelt. Fünf Gänge wurden aufgetragen, und sie aßen eine ganze Zeitlang. Dann wurden Früchte gebracht. Der Papst schnitt das Brot und das Fleisch und schenkte den Wein für zwei seiner Gäste ein, die anderen Geistlichen bewirteten die übrigen auf dieselbe Weise. … Der Papst ging zu den übrigen Bettlern und gab ihnen Wein. Als es Zeit war, zu den Früchten überzugehen, brachte einer der Priester einige Brote herein, legte sie vor den Papst und kniete nieder. Der Papst sprach ein Gebet, besprengte die Brotlaibe mit Weihwasser, forderte die Bettler auf, aufzustehen, und gab jedem einen Laib. Sie legten die Laibe hin und begannen, die Früchte zu essen. … Dann segnete der Papst die Tafel noch einmal.«[105]

Als Georgien im neunzehnten Jahrhundert ein Teil des russischen Reichs wurde, begann letzteres einen prägenden Einfluss auf die georgische Kultur zu nehmen. Vor allem machte sich das in Tiflis bemerkbar. Hier herrschte die orientalische Art zu feiern unter den *Kintos* und *Qaratschochelis* vor. Die ersteren, die auf eine persische Kaste zurückgingen, die nach Tiflis gebracht wurde, als es unter persischer Herrschaft stand, waren farbenprächtige Gestalten, gewitzte Straßenhändler und Experten für Schlagfertigkeit. Die *Qaratschochelis* waren edle Kunsthandwerker und eher nüchtern gekleidete Zunftgenossen, ganz im Gegensatz zu den *Kintos*. Die Gelage mit den poetischen Trinksprüchen dieser Orientalen wetteiferten mit den »Nachmittagstees« und europäischen »Flammeris«, die vermutlich schon vom georgischen Adel und der Obrigkeit übernommen und genossen wurden. »Es gab zwei Orte in den Außenbezirken der Stadt, an denen man fröhlich feiern konnte – einen für die einfachen Leute in den Ortatschala-Gärten, den anderen in Muschtaidi, für jene kultivierten Adligen, die sich lieber im europäischen Stil amüsierten.«[106]

Die folgende Beschreibung einer legendären Abendgesellschaft im neunzehnten Jahrhundert verdanken wir Karapet Grigorianz:

»Im September 1888 gab der georgische Prinz Iwane Muchraneli ein Bankett im Tianeti-Tal zu Ehren von Zar Alexander III. Dieses Bankett setzte nicht nur die Georgier, sondern auch den russischen Zaren in Erstaunen. Das Essen war besonders außergewöhnlich, weil nirgends auf der Tafel Fleisch zu sehen war. Scheinbar hatte der Experte für georgische Kultur Iwane Muchraneli lange Zeit über dieses Festmahl nachgedacht, mit dem Ziel, den russischen Zaren und den georgischen Adel mit seiner außergewöhnlichen Gastfreundschaft zu verblüf-

Georgische Adlige bei einem Gastmahl in Kislowodsk mit dem späteren Zaren Alexander II. 1850.

fen. Es gab weder Tisch noch Stühle noch Porzellan; kein Besteck, keine Weinflaschen oder -gläser, zu schweigen von Löffeln oder Servietten. Kurz gesagt, wiederholte das ganze Bankett den Ablauf und die Form eines georgischen Festmahls der alten Zeit, als noch georgische Monarchen das Land regierten. Blaue Tischtücher wurden auf dem grünen Rasen ausgebreitet; statt Teller gab es hölzerne Tabletts und Töpferware aus Ton. Jeder Speisende konnte seine Hände an den gemusterten Seidentüchern abwischen und den Wein, der in Tonkrügen serviert wurde, aus Tonschalen und Hörnern trinken. Das Brot kam ausschließlich aus Kachetien, war halbmondförmig oder flach und im Tone gebacken.

Das Essen war vollständig vegetarisch, mit dem vollen georgischen Aroma: verschiedene Arten von Pilaw-Gerichten, die mit verschiedenen Arten von Reis zubereitet waren; Omeletts mit verschiedenen Pilzen; verschiedene Bohnengerichte; Tomaten und Auberginen gekocht mit Eiern; verschiedene Spargelgerichte; viele verschiedene Fische, auf unterschiedliche Weisen zubereitet; Saucen aus Buttermilch, Joghurt und so fort. Das Mahl sah wirklich altmodisch aus, als die Gäste anfingen, mit ihren Händen zu essen. Der Zar und die Zarin bewunderten das Festmahl so sehr, dass sie versprachen, alles zu tun, worum Prinz Muchraneli sie bitten würde.«[107]

Supra – die georgische Tafel

Georgien ist ein Zauberland; sobald Sie es verlassen, verwandelt es sich in einen süßen Traum. Auch die Menschen sind wirklich Zaubermenschen. Ihre Heimat ist eines der reichsten und schönsten Länder der Welt. Jetzt verstehe ich, warum die Russen uns sagten: »Sie haben nichts gesehen, solange Sie Georgien nicht besucht haben.«
John Steinbeck

Die georgische Supra ist eine streng ritualisierte Vorstellung, bei der jede Einzelheit eine Bedeutung hat: die Vielfalt und die Quantität von Speisen, ihr Duft und ihre Farbe, die Reihenfolge und die Art ihrer Präsentation. Und natürlich die Qualität des Weins. Aber Supra sind nicht nur Speisen und sorgfältig ausgewählte Weine, sie ist vor allem ein fast sakraler Akt des sozialen Verhaltens, ein Zusammentreffen, bei dem jeder Teilnehmer großzügig und uneigennützig Freude, Weisheit und Herzenswärme ausstreut.

»Die Georgier sind die witzigsten Trinker der Welt. Aus der gemeinsamen Einnahme mild oder auch stärker alkoholischer Getränke haben sie ein Gesellschaftsspiel gemacht, einen Heidenspaß, ein Ritual, einen Wettbewerb, eine unvergessliche Erinnerung für jeden, der einmal zu solcher Runde zugelassen war.«

Hans Frosch, Autor eines kulinarischen Reiseführers durch die Sowjetunion.

Eine besondere Rolle kommt dem *Tamada*, dem Tischführer oder Toastmaster, zu, der Trinksprüche ausbringt und für eine gute, lustige und herzliche Atmosphäre an der Tafel sorgt. Ein Tamada kann jeder sein, der Sinn für Humor hat, gut trinken und beeindruckend reden kann.

Bevor wir über das Festmahl weitersprechen, reden wir kurz über die Supra zu Ehren des Verstorbenen. Sie hat uralte Wurzeln. Die Sumerer zum Beispiel glaubten daran, dass die Seele des Verstorbenen genauso fähig ist, Hunger und Durst zu verspüren, wie der lebende Mensch. Deswegen brachte man Speisen und Getränke zum Grab. An jedem letzten Monatstag fand *Kispu* statt, ein Ritual ähnlich dem Leichenschmaus, das zeigen sollte, dass das Band zwischen den Lebenden und Toten nicht abgerissen war. Die Sumerer glaubten, dass für das sakrale Ritual der Nahrungsteilung (*Kispu* bedeutet auf Akkadisch »gliedern, teilen«) nicht die physische Präsenz des Menschen, sondern die Teilnahme seiner Seele entscheidend war. Sie glaubten ebenfalls, dass Götter mit ihnen *Kispu* feierten. *Kispu* könnte nicht nur nach der Beerdigung des Toten und am letzten Monatstag, sondern auch in anderen besonderen Fällen stattfinden. Das beste Beispiel dafür ist das *Kispu* des babylonischen Königs Ammisaduqa (1646-1626), beschrieben auf einer Tonplatte aus dem 2. Jahrtausend v. Chr. Das *Kispu* war nicht nur den verstorbenen Angehörigen seiner Dynastie gewidmet, sondern allen seinen toten Landsleuten sowie allen Soldaten, die für seine Heimat gefallen waren.[108]

Der berühmte georgische Dichter Washa-Pschawela (1861-1915) berichtete, dass im Gebirgsgebiet Pschawi, wo er lebte, das Essen zum Grab des Verstorbenen getragen wurde.

> »Wenn ein großes Mahl gekocht wurde (das aus Fleischklößchen, Getreide- und Fleischeintöpfen, Fleischpasteten, Hüttenkäse, geschmolzener Butter usw. bestand), erinnerten wir uns an unsere Verstorbenen. Bei Decken des Tisches legte das Oberhaupt der Familie etwas Räucherwerk in eine Räucherschale und schwenkte sie über dem Tisch. Selbst wenn nichts auf dem Tisch stand als ein Krug Wasser, schwenkte er doch das Räucherwerk darüber und sprach das folgende Gebet für die Verstorbenen: ›Mögen Gott und das Heilige Jerusalem alle unsere Toten segnen, die dieses Leben vor kurzem oder schon früher verlassen haben. Dies sind ihre Speisen, lasst sie uns mit

anderen teilen: den Waisen und den Vergessenen. Und wenn ich mich aufgrund meiner Unwissenheit nicht an sie erinnere, möge Gott unser Herr sie niemals vergessen.‹«

Washa-Pschawela (Georgischer Dichter, 1861-1915).

Auf die Seelen der Verstorbenen wird überall in Georgien getrunken, nicht nur beim Leichenschmaus, sondern auch beim Festmahl. »In Tuschetien, beispielsweise, werden Trinksprüche in drei Gruppen geteilt: Lob Gottes, Seelenfrieden der Verstorbenen und Hoch auf Lebende. Das Verhältnis zwischen den Trinksprüchen der jeweiligen Kategorie variiert je nach Anlass der Supra. Man trinkt in Tuschetien auf den *Zodwila-Upatrono*, d. h. auf den, der niemanden hinterlassen hat, der seiner gedächte.«[109]

Denkt man an das alte griechische Symposion, das wortwörtlich »gemeinsames Trinken« bedeutet, so findet man darin nebst Unterschieden viele Gemeinsamkeiten mit der georgischen *Supra* und dem *Tamada*-Brauch. Der wichtige Unterschied ist, dass beim Symposion nur getrunken – nicht gegessen – wurde (es fand nach dem Essen statt). Der Wein war verdünnt. Ihn unverdünnt zu trinken war nach Ansicht der Griechen eine barbarische

Symposion. Männer bei einem Gastmahl.
Griechenland, 480 v. Chr.

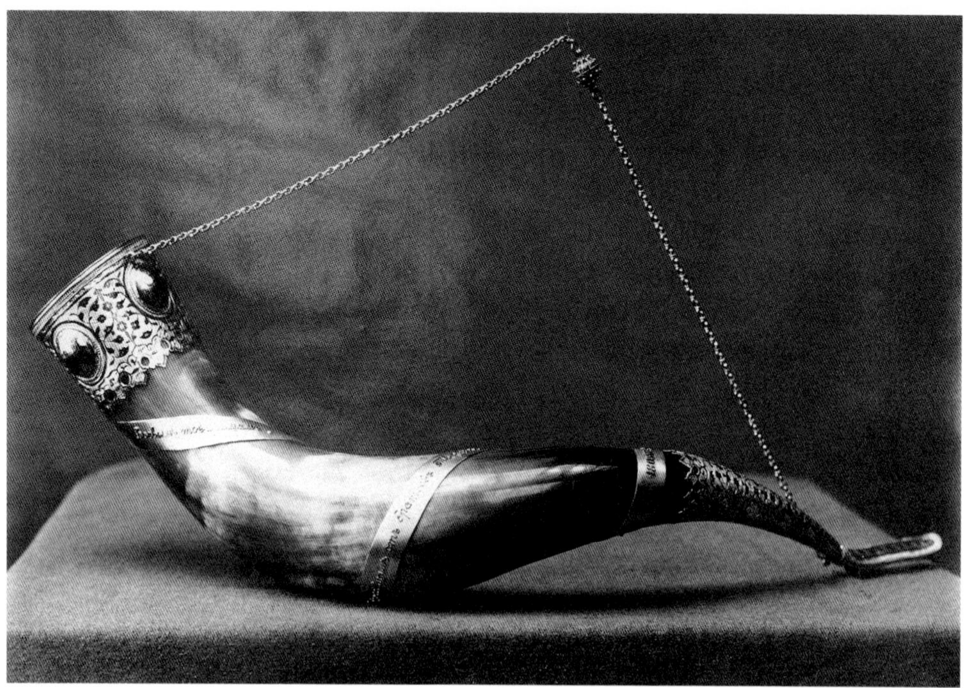

Trinkhorn (Kanzi).

Unsitte. Obwohl die Griechen Gleichberechtigung predigten, galt dies nur für Männer: Bei einem Symposion beschränkte sich der Frauenanteil auf Hetären (Prostituierte), die allein dem Vergnügen der Gäste zu dienen hatten. Das Symposion fand im Männergemach, im *Andron*, statt. Dort machten es sich die Herren auf den *Klinen*, den Ruheliegen, gemütlich. »Statt am Tisch zu sitzen übernahmen die Griechen im 8. Jahrhundert v. Chr. den im Nahen Osten verbreiteten Brauch, sich auf Ruheliegen auszustrecken, den sie an die Etrusker weitergaben.«[110]

Der Wein wurde von den Sklaven in großen *Kraters* zwischen den Teilnehmern des Symposions herumgetragen. Der Leiter des Festes hieß *Symposiarch*. Seine Aufgabe war, das Wein-Wasser-Verhältnis festzulegen – Wein machte zwei bis drei Fünftel aus – und die Weinverdünnung zu überwachen. Vom Symposiarch holten sich die Teilnehmer des Symposions die Erlaubnis, eine Rede oder ein Gedicht vorzutragen sowie einen Tanz zu initiieren, ein.

In Rom entstand eine neue Form des Festmahls, das *Konvivium*. *Konvivium* bedeutet *gemeinsam leben*. Das Ritual erhielt den Namen, weil es, nach Cicero, viel mehr als das gemeinsame Essen und Trinken beinhaltete. Ein Römer hatte von Kindheit an die Regeln des Konviviums einzustudieren. Seine Stellung im Konvivium entsprach seinem Platz in der gesellschaftlichen Hierarchie.

Das Konvivium entwickelte sich aus dem etruskischen Modell des griechischen Symposions, unterschied sich jedoch grundsätzlich von Letzterem. Zum Konvivium waren auch Frauen, ohne Recht auf Weinkonsum, zugelassen. Dass die Etrusker und Römer ihren Frauen und Töchtern die Teilnahme am Konvivium erlaubten, war für den Griechen Theopompos von Chios (378-300) ein Beweis für die fehlende Kultur. Die griechische Gleichberechtigung wurde durch eine Hierarchie ersetzt. Es wurde eine Vielfalt an Speisen geboten, was dazu führte, dass das Essen immer mehr an Bedeutung gewann und das Trinken übertraf. Dazu kamen Vergnügungen verschiedener Art wie Tanz und Gesang der Mädchen, Deklamation von Gedichten, Gladiatorenkampf usw. Im Unterschied zum Symposion wurden im Konvivium weder patriotische noch sonstige Reden vorgetragen.[111]

Für die georgische Supra dagegen ist gerade das Reden – Trinksprüche ausbringen – die Hauptkomponente des Rituals. Der Trinkspruch (georgisch *Sadghegrdselo*) hat nichts mit der Festrede gemeinsam, die im Westen, insbesondere in den USA, bei einer Hochzeit oder einem Jubiläum gehalten wird. Eine solche Rede wird im Voraus vorbereitet beziehungsweise niedergeschrieben und gewöhnlich vom Blatt abgelesen. Das Hauptmerkmal eines georgischen Trinkspruchs ist dagegen gerade sein ausschließlich gesprochener Charakter. Der Trinkspruch entsteht im Augenblick seines Ausbringens. Er wird hic et nunc, sozusagen vor den Augen der Zuhörer, »geschrieben«.

Obwohl – oder vielleicht gerade weil – es einige »obligatorische Themen« gibt, denen je ein Toast gewidmet werden muss (die Tradition legt sogar die Reihenfolge der »thematischen Trinksprüche« fest), ist jeder Trinkspruch eine neue, frische Improvisation zu einem »altbekannten« Thema. Es wäre keine Übertreibung, Trinksprüche »Variationen zu vorgegebenen Themen« zu nennen. Den

Bronzefigur mit einem Trinkhorn (Kanzi). Wani, Georgien. Siebtes Jahrhundert v. Chr.

Gurischer Chor. 1917.

obligatorischen Trinksprüchen, wie die auf den Frieden, den Jubilar, die Eltern, die Vorfahren, die Kinder, die Geschwister, die Verstorbenen, das Leben, die Liebe, die Freundschaft und so weiter, folgen die persönlichen Trinksprüchen auf die Anwesenden. Der Tamada »hat dafür zu sorgen, dass niemand sich verloren vorkomme in der Runde«, schreibt Hans Frosch im besagten Buch, »dass jedermann einen freundlichen Lobspruch empfange nach Alter und Verdienst. Undenkbar, dass auch nur einer der Anwesenden ohne Trinkspruch bleiben könnte.«[112]

Jeder Trinkspruch auf jeden Anwesenden ist eine Laudatio. Der Tamada ist der Laudator und der Angesprochene der Laureat. Manchmal kann der Tamada so viele positive Eigenschaften beim Laureaten »entdecken«, dass dieser sich kaum wiedererkennt. Das ist nicht schlimm! Der Sinn des Supra-Rituals besteht gerade darin, dass die Teilnehmer »sich vergessen« und sowohl die anderen wie auch sich selbst aus der schönsten Perspektive wahrnehmen. Der vom Tamada so großzügig gewährte »Kredit« darf nicht als leere Schmeichelei aufgefasst werden. Der natürliche Wunsch, die positive Emotion zu verbreiten, ist das Geheimnis des georgischen Festmahls.

Die Georgier hängen so sehr an der Supra-Tradition, dass es ihnen selbst im Ausland schwer fällt, Wein ohne Trinksprüche zu konsumieren. Ihre nichtgeorgischen Freunde bringt das manchmal in Verlegenheit. Sie nehmen zwar dankbar die an sie gerichteten Lobesworte des Georgiers an, können aber nicht im selben Stil erwidern, weil ihnen die Übung fehlt.

Andererseits betonen alle Ausländer, die Georgien kennen, den tiefen Eindruck, den das Supra und die Trinksprüche auf sie gemacht haben. Eine Gruppe Schweizer Wissenschaftler, die 2005 das georgische Supra kennengelernt hatte, beschloss nach der Rückkehr, den Brauch in ihren Freundeskreis einzuführen und brachte ein Buch unter dem Titel *Tamada* heraus. Im Unterschied zu allen anderen Projekten habe ihm die Arbeit an dem Büchlein vom ersten bis zum letzten Tag nichts als Freude und Glück bereitet, schreibt einer der Herausgeber des Buches, Thierry Lombard. Erst dank einer gemeinsamen Teilnahme an einem Supra hätten sie sich wirklich kennengelernt. Das Supra habe ihnen zum ersten Mal die Möglichkeit geboten, frei und unmittelbar Gedanken und Emotionen auszutauschen.

Ein wichtiger Bestandteil des Festmahls ist der traditionelle mehrstimmige Gesang. Jedes Gebiet in Georgien – außer Swanetien und dem nordöstlichen Gebirge (das sind Gebiete, in denen kein Wein produziert wird) – besitzt sein eigenes *Mrawalshamieri*, ein Glückwunsch- oder Segnungslied. Der Name entspricht genau dem griechischen *Polychronion* (deutsch: »Viele Jahre«). Das Meisterstück ist zweifelsohne das *Mrawalshamieri* aus dem Gebiet Kachetien. Kein Wunder! In Kachetien allein gibt es siebzig verschiedene Weinrebensorten.

John Steinbeck, der sich vom Zauber der georgischen Supra überwältigen ließ, schrieb: »Die Georgier, die wir getroffen haben, sind wie Waliser. Sieben von zehn Männern haben bemerkenswerte Stimmen. Es hat kein einziges Festmahl ohne den magischen Chorgesang gegeben.«[113]

»Ein guter Redner braucht allerdings einen guten Zuhörer«, sagt ein georgisches Sprichwort. Einmal besuchte Nikita Sergejewitsch Chruschtschow, Generalsekretär der Kommunistischen Partei der Sowjetunion, Georgien. Selbstverständlich gab es ein Festmahl zu seinen Ehren. Und selbstverständlich befanden sich unter den eingeladenen Gästen auch Sänger. Nachdem sie

Grafische Darstellung eines bronzenen Gürtels aus Samtawro, Mzcheta, Georgien. Achtes bis siebtes Jahrhundert v. Chr.

einige Lieder gesungen hatten, stimmten sie das *Krimantschuli*, das Volkslied aus dem westgeorgischen Gurien, das Igor Strawinsky seinerzeit zur Spitzenleistung der polyphonen Gesangskunst erklärt hatte, an. Als Schmuckstück des *Krimantschuli* gilt der Klang der hohen Jodelstimme, der ein besonderes Können von dem Sänger fordert. Alle Anwesenden sollen das Lied genossen haben. Unvergessen ist jedoch die Bemerkung Chruschtschows geblieben, die er beim Zuhören gemacht haben soll: »Was für ein schönes Lied, wenn nur dieser einzige besoffene Schurke nicht alles kaputtmachen würde.«

Der georgische Schriftsteller Tedo Sachokia und der amerikanische Schriftsteller John Steinbeck beschreiben zwei Episoden, die die Freude der Gastgeber darüber, Gäste zu haben, zum Ausdruck bringen, sowie die dankbare Reaktion der Besucher auf den herzlichen Empfang durch die Gastgeber und ihre Großzügigkeit:

»Unser Gastgeber hatte die Tafel an einem sehr romantischen und poetischen Platz aufgebaut. Die Tafel war überladen von Speisen und gekrönt von Honigwaben-Wodka, Wein aus echten Tschchaweri-Trauben und köstliche Forellen aus dem Fluss Bshushi. Das Abendessen ist hier keine richtige Mahl-

Bankett in Zinandali, Georgien.

zeit ohne das Schulterblatt eines Ochsen, und ein Schulterblatt ist nichts ohne ranzige, zerstoßene Walnüsse in Essig als Beilage. Die Gurischen Volkslieder *Chasanbegura*, *Indimindi* und *Chelchwawi* entzückten unsere Ohren … Wir dankten unserem Gastgeber, und der Gastgeber dankte im Gegenzug uns dafür, dass wir ›unsere Hände in seiner Familie gewaschen‹ haben.«[114]

»In Gurien … bat uns der Wirtschafter des Bauernhofs, seinem Haus einen Besuch abzustatten, um dort eine Kleinigkeit zu essen. Gott helfe uns! … [sagte er] es sei nur eine symbolische Kleinigkeit, und er würde es als große Liebenswürdigkeit betrachten, wenn wir sein Haus besuchen und mit ihm ein Glas Wein trinken würden. … Der Anblick des Tisches brachte uns beinahe um. Er war etwa vier Meter lang und beladen mit Speisen, etwa zwanzig Gäste waren anwesend. Ich glaube, es ist das einzige Festmahl oder Abendessen, an dem wir je teilgenommen haben, bei dem gebratenes Huhn eine Vorspeise war, und in dem jede Vorspeise aus einem halben Huhn bestand. Dann ging es weiter mit einem kalten gekochten Huhn, über das eine kalte, grüne Sauce gegossen wurde, köstlich gewürzt und mit saurer Sahne. Außerdem gab es Käsestücke und Tomatensalat und georgisches eingelegtes Gemüse. Dann gab es einen schmackhaften Lammeintopf mit dicker Sauce. Und es gab eine Art gebratenen Landkäse. Laibe von flachem georgischem Roggenbrot waren aufgetürmt wie Pokerchips, und die Mitte der Tafel war mit Früchten beladen, mit Trauben, Birnen und Äpfeln. Das Fürchterliche daran war, dass alles köstlich war. Die Aromen waren alle neu, und wir wollten sie alle kosten. Wir wären fast am übermäßigen Essen gestorben.«[115]

Genauso wie alle anderen Formen der Kultur entwickelte und veränderte sich auch das georgische Supra. Ein Teil der Georgier meint, dass das georgische Supra immer dieselbe Form und Inhalt gehabt hat. Die anderen meinen, dass das georgische Supra in dieser Form erst im neunzehnten Jahrhundert entstanden ist.

Die Frage bedarf einer ausführlichen Untersuchung. Die archäologischen Funde wie die kunstvoll gefertigten feinen Trinkgefäße deuten auf eine bereits in der Antike hochentwickelte Festkultur. Dafür sprechen außerdem viele Stellen aus Schota Rustawelis *Der Mann im Tigerfell* sowie die Festmahlbeschreibungen von Wachuschti, Wachtang VI. und den ausländischen Reisenden. Das bedeutet aber natürlich keinesfalls, dass die alten georgischen Festmähler genau dasselbe Ritual praktizierten wie heute.

Zum Abschluss hier ein Zitat aus dem Roman *Die gemordete Seele* des berühmten georgischen Schriftstellers Grigol Robakidse:

> »Die Georgier waren beim Gelage. Sieht das Auge die Welt, Sonne, Berge, Bäume, Tiere, Menschen – so quillt Freude empor und begehrt den Schöpfer zu lobpreisen. Selig der Augenblick, wo das frohlockende Herz dem anderen sich öffnet. Es ist Rausch des Herzens, was der Georgier im Gastmahl erlebt. Kult des gastlichen Tisches ist ihm das Höchste. Hier finden sich der Fechter, der Tänzer, der Sänger, Dichter und Redner. Das allein Wichtige hier, einander Freude zu geben. ›Dass ich dich sehe, ist es nicht ein Glück? Dass du und ich leben? Und das ich dich treffe und du mich?‹ – Die Geselligkeit Georgiens äußert sich so.«

EPILOG

Während der ganzen Geschichte meines Heimatlandes entstand Neues durch die gegenseitige Beeinflussung des Ostens und des Westens. Diese neue »Qualität« hat sich als etwas gänzlich Originelles und sehr »Georgisches« erwiesen. Sie weist Eigenarten auf, die sich von denen östlicher wie westlicher Kulturen deutlich unterscheiden. Besonders offenkundig wird sie in der georgischen Küche, die sich über viele Jahrhunderte entwickelt und verfeinert hat. Durch die Aufnahme des Neuen und die Zurückweisung dessen, was sie nicht übernehmen konnte, ist es ihr gelungen, ihre individuelle Eigenart zu bewahren.

Die georgische Küche und ihre Kultur des Festmahls haben einige archaische Elemente beibehalten, die in vielen anderen Kulturen verlorengegangen sind. Dieses einzigartige Phänomen verdient es, eingehend untersucht und bewahrt zu werden.

Andererseits läuft jede Kultur Gefahr, »kulturell auszubluten«, wenn sie in einem abgeschlossenen Raum eingesperrt wird. Der einzige Weg, dieses Risiko zu vermeiden, ist eine »Transfusion von neuem Blut«. Das Zusammenwirken verschiedener Kulturen ist die Grundlage des Fortschritts und erfordert kein Ablegen traditioneller Elemente. Die Einführung traditioneller Rituale zu feierlichen Anlässen, nationaler Zutaten und Zubereitungsmethoden in andere Kulturen machen die Speisen nicht nur beliebt, sie halten sie auch am Leben. Den Franzosen, die nach Quebec in Kanada ausgewandert sind, ist es gelungen, die alte, traditionelle französische Küche in der neuen Umgebung zu erhalten. Die italienische Küche und ihre Rituale scheinen ähnlich »unsterblich« zu sein, nicht zuletzt aufgrund der vielen Bücher, die sie in beinahe jeder bekannten Sprache beschreiben. Mit anderen Worten, Popularisierung ist eine solide Grundlage für den Erhalt einer Kultur.

Was mich bei der Arbeit an diesem Buch besonders motiviert hat, war mein leidenschaftlicher Wunsch, einen bescheidenen Beitrag zum Überleben der Tradition der Festmähler und der kulinarischen Kunst Georgiens zu leisten. Wie im Fall des Safrans, mit dem das ganze Abenteuer begann, habe ich viel über authentische Zutaten erfahren. Ich muss gestehen, dass ich trotz des exklusiven Ansehens des »echten« Safrans immer noch eine ergebene Bewunderin seiner »georgischen Variante«, der Ringelblume, bin!

Je länger ich auf der Suche nach meinen eigenen Wurzeln als Georgierin umhergewandert bin, desto mehr kam ich zur Überzeugung, dass meine Pilgerschaft kein Ende nehmen würde. Wäre da nur eine einzige Straße gewesen, der ich hätte folgen müssen, dann wäre die Reise leicht gewesen, aber es hat sich herausgestellt, dass viele verlockende Seitenpfade von meinem Weg abzweigten.

Ich habe mein Bestes getan, um nicht von der »Hauptstraße« abzukommen. Manchmal ist es mir gelungen, manchmal nicht. Wenn das, was meine Reise erbracht hat, Sie interessiert, überrascht, ein wenig glücklicher gemacht oder begeistert hat, dann sind meine Bemühungen nicht vergeblich gewesen.

Ein anderes erwähnenswertes Ereignis während der Arbeit an diesem Buch war, dass ich Großmutter des kleinen Blondschopfs Luc geworden bin, des Sohns einer georgischen Mutter (meiner Tochter) und eines deutschen Vaters. Er nennt mich *Bebo* (»Großmama« auf Georgisch) und »hilft« mir dabei, in Berlin *Chatschapuri* zu backen. Luc hat ein noch größeres Gefühl der Verantwortung bei mir entstehen lassen. Er gehört zu den Menschen, denen ich dieses Buch widme. Es wird ein Mittel sein, ihm zu erklären, wer er ist und wo er herkommt. Er wächst in einer Umwelt auf, die von der deutschen Kultur geprägt ist, und ich weiß, dass sein georgischer Teil ihn irgendwann umtreiben und er nach Antworten auf einige wichtige Fragen suchen wird. Ich hoffe, dass die hier erzählten Geschichten das für ihn leichter machen werden.

Ich hatte davon geträumt, ein bisschen ausruhen zu können, nachdem ich die letzte Seite geschrieben habe.

Es hat nicht sein sollen!

Ich kann es nicht erwarten, einige der Seitenpfade jener Hauptstraße zu erkunden, der ich bisher zu folgen versucht habe. Wenn ich auf etwas Interessantes stoße, werden Sie es sicherlich als Erste erfahren!

REZEPTE

Käsebrot

CHATSCHAPURI *(Rezept meiner Mutter)*

	Für den Teig
2 Tassen (300 g)	weißes Weizenmehl
1 Tasse (250 g)	Joghurt
1 Teelöffel	Öl
1 Teelöffel	Butter (geschmolzen)
½ Teelöffel	Salz
1 Teelöffel	Backpulver

	Für die Füllung
2/3 Tasse (160 g)	geriebener Fetakäse aus Kuhmilch
2/3 Tasse (160 g)	geriebener Mozzarella-Käse
1	Ei

Den Teig zubereiten, zu einer Kugel formen und an einem kühlen Ort ruhen lassen. Den Ofen auf 250 °C vorheizen. Beide Käsesorten reiben und mit dem Ei vermischen. Daraus eine Kugel formen. Ein Backblech mit Mehl bestäuben und die Teigkugel in die Mitte setzen. Die Kugel flachdrücken, so dass etwa die Hälfte des Backblechs bedeckt ist (regelmäßig mit Mehl bestäuben, damit der Teig nicht an den Händen klebt). Die Käsekugel in die Mitte des Teiges setzen und die Ränder des Teigs so darüber schlagen, dass die Kugel bedeckt ist. Dann zu den Ecken des Backblechs hin flachdrücken. Etwa 15 Minuten lang backen, bis der Teig leicht gebräunt ist. In kleine Rechtecke schneiden und heiß servieren.

Spinat mit Walnüssen

ISSPANACHIS MCHALI

1 kg	Spinat
1 Tasse (150 g)	gemahlene Walnüsse
½ Teelöffel	gemahlene Koriandersamen
1 gehäufter Esslöffel	gehacktes Koriandergrün
1 gehäufter Esslöffel	gehackte Petersilie
2 Zehen	zerdrückter Knoblauch
½ Esslöffel	Weißweinessig
	Salz und Pfeffer

Den Spinat kurz in einer kleinen Menge Wasser kochen. Den Spinat abseihen und ausdrücken, hacken und mit den Gewürzen, Kräutern, Essig, Salz und Walnüssen vermischen. Vor dem Servieren einige Stunden ziehen lassen.

Rote Beete mit Walnüssen

TSCHARCHLIS MCHALI

1 kg	Rote Beete (wahlweise mit Blättern)
1 Tasse (150 g)	gemahlene Walnüsse
2 Zehen	Knoblauch
1 kleiner Bund	Frühlingszwiebeln
½ Teelöffel	Petersilie, Koriander, Dill, Staudensellerie
1 Teelöffel	Weißweinessig
1	Granatapfel
	Salz und Pfeffer

Die Rote Beete waschen und in Wasser kochen (wahlweise mit den Blättern). Dann abseihen und gründlich ausdrücken. Zusammen mit allen Kräutern hacken, die gemahlenen Walnüsse, den zerdrückten Knoblauch, Essig, Salz und Pfeffer hinzufügen und alles vermischen. Einige Stunden ziehen lassen, dann mit Granatapfelkernen garniert servieren.

Aubergine mit Walnüssen

NIGWSIANI BADRIDSCHANI

1 kg	mittelgroße Auberginen
1 Tasse (150 g)	gemahlene Walnüsse
1 mittelgroße	fein gehackte Zwiebel
½ Teelöffel	gemahlene Ringelblume
1 Teelöffel	gemahlene Koriandersamen
1 Teelöffel	Bohnenkraut
1 Teelöffel	gemahlener Bockshornklee
1 Esslöffel	gehackter Staudensellerie
1 Esslöffel	gehacktes Koriandergrün
1 Esslöffel	gehackte Petersilie
3 Zehen	zerdrückter Knoblauch
1 Esslöffel	Weißweinessig
1	Granatapfel
	Salz und Chilipfeffer

Die Auberginen schälen und der Länge nach in drei Scheiben schneiden. Großzügig mit Salz bestreuen, ein paar Stunden ruhen lassen, dann die Flüssigkeit ausdrücken. Die Auberginen von beiden Seiten in heißem Öl braten, aus der Pfanne nehmen. Die gehackten Zwiebeln andünsten und mit Walnüssen, Knoblauch, Gewürzen, Kräutern und Essig vermischen. Mit Salz und Pfeffer würzen. Diese »Paste« auf jede Auberginenscheibe streichen, jeweils zwei Scheiben aufeinanderlegen (bestrichene Seite auf bestrichene Seite) und mit Granatapfelkernen garnieren

Grüne Bohnen mit Walnüssen

MZWANE LOBIOS MCHALI

1 kg	grüne Bohnen
1 Tasse (150 g)	gemahlene Walnüsse
1 Teelöffel	gemahlene Koriandersamen
1 Teelöffel	gemahlener Bockshornklee
1 Esslöffel	gehacktes Basilikum
1 Esslöffel	gehacktes Koriandergrün
1 Esslöffel	gehackte Petersilie
1 mittelgroße	gehackte rote Zwiebel
2 Zehen	Knoblauch
1 Esslöffel	Weißweinessig
	Salz und Chilipfeffer

Die grünen Bohnen in einer kleinen Menge Wasser kochen und ausdrücken. Eine Paste aus Walnüssen, zerdrücktem Knoblauch, Gewürzen, Kräutern, Essig, Salz und Pfeffer bereiten und mit den Bohnen vermischen. Einige Stunden ruhen lassen.

Rote Kidneybohnen mit Kräutern

LOBIO

1,5 kg	Rote Kidneybohnen (aus der Dose)
2 mittelgroße	fein gehackte Zwiebeln
5 Zehen	Knoblauch
2 Teelöffel	Koriandersamen
2 Teelöffel	Bockshornklee
2 Teelöffel	Bohnenkraut
2	Lorbeerblätter
je ½ Tasse (125 g)	gehackter Staudensellerie, Petersilie, Koriandergrün, Minze und Estragon
2 Esslöffel (oder etwas mehr)	Weißweinessig
	Chilipfeffer, Salz

Die Bohnen aus den Dosen nehmen, abtropfen lassen und gründlich abspülen, in einen großen Topf geben und 2 oder 3 Tassen Wasser hinzufügen. Etwa zehn Minuten lang kochen. Die feingehackten Zwiebeln, Lorbeerblätter und Staudensellerie hinzufügen. Den zerstoßenen Knoblauch, Gewürze und Essig in einer kleinen Schüssel vermischen und zu den Bohnen hinzufügen. Zum Schluss die gehackten Kräuter zugeben. Nach Geschmack noch Essig hinzufügen. Als Variante würde ich empfehlen, eine halbe Tasse gemahlene Walnüsse zur Gewürzmischung hinzuzufügen.

Alternativ kann auch 1 Kilogramm getrocknete rote Bohnen verwendet werden. Sie sollten über Nacht eingeweicht, dann abgespült und gekocht werden bis sie sehr weich sind.

Hühnersuppe

KATMIS TSCHICHIRTMA

1	Huhn
3 mittelgroße	fein gehackte Zwiebeln
½ Tasse (125 g)	fein gehacktes Koriandergrün
2 Esslöffel	Weißweinessig
2 Esslöffel	Weizenmehl
5	Eigelb
	Salz und Pfeffer

Das gesäuberte und gewaschene Huhn in einen Topf geben. Mit Wasser bedecken und erhitzen. Den Schaum abschöpfen, bevor das Wasser kocht. Das Huhn garen, danach in eine Schüssel legen und mit Salz bestreuen. Das Fett von der Brühe abschöpfen und mit den feingehackten Zwiebeln in einer Pfanne andünsten.
Das Mehl und etwas Brühe zu den Zwiebeln geben. Diese Masse vermischen und zu der klaren Brühe hinzufügen, dann etwa 5 bis 10 Minuten kochen. In einer kleinen Schüssel Essig, Salz und 5 Eigelb vermischen und aufschlagen. Eine kleine Menge abgekühlte Brühe hinzufügen und nach und nach in die Hauptsuppe gießen (nicht weiter erhitzen und nicht zum Kochen bringen). Das feingehackte Koriandergrün zugeben.

Gebratenes Huhn in Knoblauchsauce

SCHKMERULI

1	Huhn
10 bis 12 Zehen	Knoblauch
1 Glas	Milch
1 Glas	Wasser
1 Esslöffel	Butter
	Salz

Das Huhn in einer Bratpfanne flach drücken und in Butter auf beiden Seiten braten. Milch und Wasser etwa 10 Minuten kochen lassen. Dann mit zerstoßenem Knoblauch, Salz und dem restlichen Fett aus der Bratpfanne vermischen. Das gebratene Huhn in Stücke schneiden und die Knoblauchsauce darüber gießen. Heiß servieren.

Truthahn in kalter Walnusssauce

SSAZIWI *(ein Familienrezept)*

1	Truthahn
3-3½ Tassen (500-600 g)	gemahlene Walnüsse
2-3	mittelgroße Zwiebeln
5-6	Knoblauchzehen (geschält)
2 Teelöffel	getrockneter Koriander
2 Teelöffel	Bockshornklee
½ Teelöffel	Gewürznelken
½ Teelöffel	Zimt
	Salz und Chilipfeffer
nach Belieben	Essig

Den Truthahn kochen, mit Salz bestreuen und im Ofen leicht bräunen. Das Fett von der Brühe abschöpfen und darin die sehr fein gehackten oder geriebenen Zwiebeln anbraten. Gemahlene Walnüsse, Gewürze und Salz vermischen, die lauwarme Brühe hinzufügen und zum Kochen bringen. Stücke vom Truthahn hineingeben und zusammen kochen lassen. Die Hitze abstellen und Essig hinzufügen. Kalt servieren.

Lammeintopf mit Kräutern und Weißwein

TSCHAKAPULI

2 kg	Lammfleisch
1 Liter	trockener Weißwein
1 Tasse	grüne Pflaumen
4 Bund	gehackter Estragon
3 Bund	gehacktes Koriandergrün
2 Bund	gehackte Petersilie
1 kleiner Bund	gehackte Minze
2 Bund	gehackte Frühlingszwiebeln (Schalotten)
1 mittelgroße	gehackte rote Zwiebel
1 Bund	grüner Knoblauch
	Chilipfeffer, Salz

Das Lamm in kleine Stücke hacken. Mit Weißwein bedecken und bei kleiner Hitze garkochen. Die grünen Pflaumen, die Frühlingszwiebeln und die roten Zwiebeln hinzufügen. Nach einigen Minuten den Rest der Kräuter, Salz und Pfeffer zugeben und noch einmal 10 bis 15 Minuten kochen lassen. Statt der grünen Pflaumen kann frischer Zitronensaft verwendet werden.

Walnusssauce

BASHE

1 Tasse (150 g)	gemahlene Walnüsse
1 Teelöffel	gemahlene Ringelblume
2 Zehen	zerdrückter Knoblauch
	Salz

Die Zutaten mit ½ Tasse heißem Wasser vermischen. 10 Minuten ziehen lassen. Nach Bedarf Wasser zugeben, bis die Sauce eine sämige Konsistenz hat. Bashe-Sauce kann zu Geflügel, Fisch, gebratenem Blumenkohl oder hartgekochten Eiern serviert werden.

Wenn Sie Walnussöl zur Bashe geben möchten, wie im Bild gezeigt, gemahlene Walnüsse mit Salz und gemahlenen Ringelblumen bestreuen, ein paar Tropfen Wasser hinzufügen, die Masse mit der Hand ausdrücken und pressen. Über die Bashe träufeln.

Saure Pflaumensauce

TQEMALI

1 kg	saure Pflaumen
je 1 Bund	gehacktes Koriandergrün, Dill
je 1 Teelöffel	gemahlene Koriandersamen, Bockshornklee, Bohnenkraut
4 Zehen	zerdrückter Knoblauch
	Chilipfeffer
	Salz

Die gewaschenen grünen Pflaumen in Wasser kochen. Wenn sie gar (weich) sind, in einem Sieb abtropfen lassen und die Flüssigkeit beiseitestellen. Die Steine aus den Pflaumen drücken. Kräuter, Salz, Pfeffer, Knoblauch und Pflaumenfleisch vermischen und etwas von der beiseite gestellten Flüssigkeit zu der Masse hinzufügen, um die Sauce mitteldick zu machen.

Würzige Grüne Sauce

MZWANE ADSCHIKA

½ - 1 kg	grüne Chilis
1 Tasse	gemahlene Walnüsse
2 mittelgroße Knollen	ganzer Knoblauch
2 Tassen	Koriander
	Salz

Alle Zutaten in einem Mixer pürieren und gut vermischen. In kleine Gläser füllen und an einem kühlen Ort aufbewahren. Mzwane Adschika kann zu Fleisch, Geflügel oder Fisch gereicht werden. Ich verwende sie in verschiedenen Eintöpfen.

Gefüllte Teigtaschen

CHINKALI

½ kg	Schweinefleisch
1 kg	Rindfleisch
3	mittelgroße Zwiebeln
1 Esslöffel	gehacktes Koriandergrün
1 Esslöffel	gehackte Petersilie
1 kg	Mehl
	Salz und Pfeffer

Das Fleisch in Stücke schneiden, mit den Zwiebeln fein hacken und in eine Schüssel geben. Das gehackte Fleisch mit Kräutern, Pfeffer und Salz würzen, ½ Glas warmes Wasser zugeben und gründlich durchmischen. Ein Glas warmes Wasser in das Weizenmehl gießen, etwas Salz hinzufügen und den Teig kneten. Den Teig dünn ausrollen und mit einem Glas oder einer Tasse kreisrunde Stücke ausstechen. Einen Löffel von der Fleischmischung in die Mitte eines Teigfleckens geben, die Ränder zu einem Bündel zusammendrücken und die Spitze zusammendrehen. Vorsichtig in Birnenform drücken. Die Chinkali in einen großen Topf mit kochendem Salzwasser geben. Gelegentlich umrühren, um zu verhindern, dass sie festkleben. Ein paar Minuten kochen lassen. Heiß servieren. Mit schwarzem Pfeffer bestreuen.

Ich würde empfehlen, einen Teelöffel Kreuzkümmel zu der Füllung zu geben. Sie können auch Lammfleisch statt Rind- und Schweinefleisch verwenden.

Gegrillte Fleischspieße

MZWADI

1 kg	Schweinefleisch, Lamm- oder Kalbfleisch
3	mittelgroße Zwiebeln
2	Lorbeerblätter
1 Esslöffel	gehacktes Koriandergrün
2-3 Esslöffel	Weinessig
	Salz und Pfeffer

Das Fleisch waschen und in große Würfel mit 4-5 cm Kantenlänge schneiden. Zwei gehackte Zwiebeln, Lorbeerblätter, Salz, Pfeffer und Essig hinzufügen. Gründlich mit dem Fleisch vermischen und mindestens zwei Stunden marinieren lassen. Das Fleisch auf Spieße stecken und über heißen Holzkohlen grillen, dabei regelmäßig wenden. Wenn es gar ist, mit frischen Zwiebelringen und gehacktem Koriandergrün garnieren.

AUSGEWÄHLTE DATEN DER GEORGISCHEN GESCHICHTE

ca. 1.800.000 v. Chr.	Hominidenfunde von Dmanissi (»Seswa und Msia«): Homo erectus georgicus
ca. 6000 v. Chr.	Die Neolithische Revolution erreicht den Südkaukasus
6200 – 4000 v. Chr.	Schulaweri-Schomu-Kultur: früheste Kultur neolithischer Ackerbauern
4000 – 2200 v. Chr.	Trialeti-Kultur
3400 – 2000 v. Chr.	Bronzezeitliche Kura-Araxes-Kultur
550 – 164 v. Chr.	Königreich Kolchis (Westgeorgien)
ab 500 v. Chr.	Griechen kolonisieren die Küste der Kolchis und richten Handelsstationen ein
302 v. Chr.-580 n. Chr.	Königreich Iberien (Ostgeorgien)
65 v. Chr.	Der römische General Pompejus führt einen Feldzug im Südkaukasus
ab 303	Die heilige Nino von Kappadokien beginnt das Christentum in Iberien zu predigen
ca. 330	Das Christentum wird von König Mirian III. in Kartli (Ostgeorgien) zur Staatsreligion erhoben

735 – 736	Verheerender arabischer Feldzug in Georgien
Ab 736	Araber regieren in Tiflis
1010	Georgien wird unter König Bagrat III. geeint (Tiflis wird immer noch von den Arabern gehalten)
1080	Großangelegte Invasion der seldschukischen Türken in Georgien
1089 – 1125	Regierungszeit des georgischen Königs David IV. des Erbauers
1089 – 1213	Georgiens »Goldenes Zeitalter«
1121	Die Georgier besiegen eine große Invasionsarmee der seldschukischen Türken
1122	Die Georgier erobern Tiflis von den Arabern zurück
1184 – 1213	Regierungszeit der georgischen Königin Tamar
1196 – 1207	Wahrscheinliche Entstehungszeit von Schota Rustawelis Epos *Der Recke im Tigerfell*
1238	Mongolen überrennen und unterjochen Ostgeorgien
1386 – 1403	Timurs Invasionen zersplittern Georgien
1614 – 1615	Abbas I. von Persien verwüstet Ostgeorgien
1658 – 1725	Sulchan-Saba Orbeliani: Prinz, Botschafter, Mönch, Schriftsteller, Verfasser eines Wörterbuchs

1696 - 1757	Wachuschti Bagrationi: Prinz, Historiker, Geograph, Kartograph
1709	König Wachtang IV. richtet die erste Druckpresse in georgischer Sprache ein
1762 - 1798	Regierungszeit des georgischen Königs Erekle II. von Kartli-Kachetien (Ostgeorgien)
1783	König Erekle II. unterzeichnet den Vertrag von Georgijewsk, der Georgien zu einem russischen Protektorat macht
1801	Die russische Annexion Georgiens beginnt unter Verletzung des Vertrags von Georgijewsk
1804 - 1857	Aufstände von Georgiern gegen die russische Herrschaft
1855 - 1907	Ilia Tschawtschawadse führt die georgische Nationalbewegung an
1918 - 1921	Unabhängige Demokratische Republik Georgien
1921	Die russische Rote Armee marschiert in Georgien ein und besetzt es
1922 - 1991	Die Georgische Sozialistische Sowjetrepublik ist Teil der UdSSR (Sowjetunion)
1924	Der Aufstand gegen das bolschewistische Regime wird blutig unterdrückt.
1991	Georgien erklärt seine Unabhängigkeit

PERSONENREGISTER

Bagrationi, Ioane (Batonischwili) (1768-1830): Schriftsteller und Sohn des letzten Königs des Königreichs Kartlien-Kachetien in Ostgeorgien.

Bagrationi, Prinz Wachuschti (1696-1757): Sohn des Königs Wachtang VI. von Kartlien, ein führender Intellektueller, der gemeinsam mit seinem Vater und Sulchan-Saba Orbeliani eine Schlüsselrolle für die Kultur Georgiens spielte. Er war ein berühmter Universalgelehrter, Historiker, Geograph und Kartograph.

Chardin, Jean (1643-1713): Französischer Reisender, der auf seinem Weg nach Persien Georgien durchquerte, wo er beträchtliche Zeit am königlichen Hof verbrachte. Berühmt für seine Reisebeschreibung, die eine wichtige Informationsquelle über das Georgien seiner Zeit darstellt.

Dawit IV. der Erbauer (1073-1125): König Georgiens von 1089 bis zu seinem Tod, eine herausragende Figur der georgischen Geschichte, entscheidend für die Wiedervereinigung des Landes, Vorbote eines neuen »Goldenen Zeitalters«.

Dschawachischwili, Iwane (1876-1940): Führender georgischer Wissenschaftler und Experte für georgische Geschichte und Kultur. 1918 Mitbegründer der Tbilisser Universität, die seinen Namen trägt.

Eristawi, Rapiel (1824-1901): Berühmter georgischer Dichter, Dramatiker, Ethnograph, Persönlichkeit des öffentlichen Lebens und Verfasser eines dreisprachigen botanischen Wörterbuchs.

Giorgi XII. (1746-1800): Manchmal auch als Giorgi XIII. bezeichnet. Letzter König des ostgeorgischen Königreichs von Kartlien-Kachetien.

Gogebaschwili, Iakob (1840-1912): Georgischer Erzieher, Schriftsteller und Verfasser von *Muttersprache*, der georgischen Fibel für Schulkinder.

Mirian III.: König von Iberien (Kartlien) im vierten Jahrhundert, in der Geschichte bekannt als erster georgischer Herrscher, der (im Jahr 327) das Christentum als Staatsreligion einführte.

Murat, Achille (1847-1895): Angehöriger der französischen Kaiserfamilie. Er war mit der mingrelischen Prinzessin Salome Dadiani aus Westgeorgien (1848-1913) verheiratet.

Nino (die Heilige Nino): Missionarin aus Kappadokien, die im Königreich Kartlien das Christentum predigte und den König Mirian III. und seine Ehefrau Königin Nana bekehrte.

Orbeliani, Sulchan-Saba (1658-1725): Ein georgischer Prinz, Schriftsteller, Gesandter, Mönch und Bearbeiter des ersten »modernen« Wörterbuchs des Georgischen.

Pirosmani (Pirosmanaschwili), Niko (1862-1918): Vielgeliebter autodidaktischer Maler, berühmt für seinen naiven Stil. Er starb in Armut, bevor er international bekannt wurde.

Robakidse, Grigol (1882-1962): Georgischer Schriftsteller, Intellektueller und Persönlichkeit des öffentlichen Lebens, der 1930 aus dem sowjetischen Georgien emigrierte und sich in Deutschland niederließ.

Rustaweli, Schota: Georgischer Dichter des zwölften Jahrhunderts, berühmt als Verfasser des georgischen Nationalepos' *Der Recke im Tigerfell* (»Wepchistqaossani«).

Sachokia, Tedo (1868-1956): Georgischer Schriftsteller, Übersetzer, Ethnograph, Journalist und Persönlichkeit des öffentlichen Lebens.

Tamar (ca. 1160-1213): Königin des vereinigten Königreichs von Georgien, die das Land während des »Goldenen Zeitalters« regierte. Das georgische Epos *Der Recke im Tigerfell* war ihr gewidmet.

Tschawtschawadse, Alexander (1786-1846): Georgischer Prinz, General-Leutnant der Kaiserlichen Russischen Armee, Dichter. Er gilt als Begründer der georgischen Romantik. Alexander Tschawtschawadse gründete auf seinen Ländereien in Zinandali in Kachetien den ersten modernen georgischen Weinbaubetrieb.

Tschawtschawadse, Ilia (1837-1907): Georgischer Schriftsteller, Persönlichkeit des öffentlichen Lebens und Jurist, Anführer der nationalen Befreiungsbewegung in der zweiten Hälfte des neunzehnten Jahrhunderts. Ilia Tschawtschawadse wird als »Vater der Nation« verehrt.

Tschitschinadse, Sakaria (1854-1913): Persönlichkeit des öffentlichen Lebens in Georgien, Gelehrter und Verleger.

Tschubinaschwili, Niko (1908-1993): Georgischer Wissenschaftler, Kunsthistoriker und Spezialist für mittelalterliche Architektur.

Wachtang VI. (1675-1737): König von Kartlien. Berühmt als Staatsmann, Gelehrter, Dichter, Übersetzer und fortschrittlicher Herrscher. Gründete 1709 die erste georgische Druckerei. Er starb im Exil in Russland.

Washa-Pschawela (Luka Rasikaschwili; 1861-1915): Einer der bedeutendsten georgischen Dichter, der sehr stark durch die Natur und die Menschen seiner Geburtsregion im Hochland von Pschawi inspiriert wurde.

Zereteli, Akaki (1840-1915): Georgischer Dichter, gemeinsam mit seinem engen Freund Ilia Tschawtschawadse die führende Gestalt der Nationalbewegung in der zweiten Hälfte des neunzehnten Jahrhunderts.

ORTSREGISTER

Adscharien: Autonome Republik in Georgien, an der Schwarzmeerküste gelegen und an die Türkei angrenzend.

Aruchlo: Reiche archäologische Fundstätte von der neolithischen bis in die klassische Zeit. Heute Nachiduri genannt, nahe Bolnissi südwestlich von Tiflis gelegen.

Awlabari: Altes Viertel von Tiflis am Mtkwari-Fluss.

Chewsureti: Siehe Pschawi-Chewsureti.

Dmanissi: Stadt und archäologische Fundstätte etwa 100 Kilometer südwestlich von Tbilissi, an der *Seswa und Msia*, die ersten Hominiden außerhalb Afrikas, gefunden wurden.

Dsalissi: Dorf und archäologische Fundstätte aus der klassischen Zeit mit einem berühmten Mosaik. Etwa 50 Kilometer nordwestlich von Tiflis gelegen.

Guria: Eine Region in Westgeorgien, die ans Schwarze Meer angrenzt.

Kachetien: Weingebiet in Ostgeorgien, das an Aserbaidschan und die Russische Föderation angrenzt.

Kartlien: Provinz in Ostgeorgien, in der die Hauptstadt Tiflis liegt. Das antike georgische Königreich Iberien lag in dieser Region.

Kolchis: In Westgeorgien gelegenes, antikes Königreich, aus dem das Goldene Vlies in der Argonautensage kam.

Meßcheti: Provinz in Südgeorgien, eine der Regionen, in denen die Metallbearbeitung ihren Ursprung hat.

Mzcheta: Antike Hauptstadt Georgiens, eine Weltkulturerbestätte der UNESCO.

Pschawi-Chewsureti: Hochlandregion in Ostgeorgien.

Ratscha: Hochlandregion in Westgeorgien.

Riqe: Altes Stadtviertel am Ufer des Mtkwari-Flusses, öffentliche Versammlungen wurden (und werden immer noch) häufig hier abgehalten.

Saingilo: Historische Region Georgiens, jetzt Teil von Aserbaidschan.

Samegrelo: auch Mingrelien genannt, Provinz in Westgeorgien, historisch ein Teil der Kolchis.

Stepanzminda: vormals Qasbegi, an der Georgischen Heerstraße gelegen, die in Nord-Süd-Richtung durch den Kaukasus führt.

Swanetien: Gebirgsregion Georgiens im Kaukasus, mit hohen Berggipfeln und dem höchstgelegenen Dorf Europas.

Tbilissi (Tiflis): Hauptstadt Georgiens, gegründet im fünften nachchristlichen Jahrhundert durch König Wachtang Gorgassali.

Tschakwi: In Adscharien gelegen und erste Heimat der georgischen Teeindustrie.

Tuschetien: Hochlandregion im Kaukasusgebirge im Nordosten Georgiens.

ANMERKUNGEN

1 Wrangham, Richard W.: *Catching Fire : How Cooking made us human.* New York : Basic Books, 2009, S. 13-14.
2 Lévi-Strauss, Claude: *Le Totémisme aujourd'hui.* Paris : Presses Universitaires de France, 1962, S. 142.
3 Standage, Tom: *An edible History of Humanity.* New York : Walker, 2009, S. 23.
4 Mintz, Sidney: *Food - Multidisciplinary Perspectives.* 1994, S. 106.
5 J̌ap'arije, Ot'ar: *K'art'veli tomebis et'nokulturuli istoriisat'vis jv. c. III at'ascleulši* (Dschaparidse, Otar: *Zur ethnokulturellen Geschichte georgischer Stämme im dritten Jahrtausend v. Chr.*). Tbilissi, 1998, S. 367.
6 Visser, Margaret: *The Rituals of Dinner.* New York : Grove Weidenfeld, 1991, S. 91, S. 93.
7 Hier und im folgenden Übersetzung von H.-C. Günther. In: Washa Pschawela: *Drei Poeme.* Tbilissi : Verlag SIESTA, 2013.
8 Bottéro, Jean. *The Oldest Cuisine in the World.* University of Chicago Press, 2004, S. 122, S. 101.
9 Visser Margaret. *The Gift of Thanks.* Boston, Mass. : Houghton Mifflin Harcourt, 2009, S. 72
10 Slater, William J.: *Dining in a Classical Context.* Ann Arbor : University of Michigan Press, 1991, S. 7.
11 Bottéro, J.: *Op. cit.* S. 101-103.
12 Ebd. S. 102.
13 Jenny, Hans A.: *Wir bitten zu Tisch.* Aarau : AT-Verlag, 1988, S. 89.
14 Bottéro, J.: *Op. cit.* S. 23.
15 Ebd. S. 112-113.
16 Ebd. S. 38.
17 Toussaint-Samat, Maguelonne. *A History of Food.* Oxford : Blackwell Publishing, 2009, S. 203.
18 Gogebašvili, Iakob: *Saganjuri* (Gogebaschwili, Jakob: *Die Schatzkammer*). Tbilissi : Ganat'leba, 1982, S. 240-241.
19 Batonišvili (Bagrationi), Ioane. *Kalmasoba* (Batonischwili (Bagrationi), Ioane. *Das Zehntensammeln*). Tbilissi, 1987, S. 556.
20 Grigorianc'i, Karapet: *Jveli*

T'bilisis išviat'i ambebi (Grigorianz, Karapet: *Seltsame Geschichten des alten Tbilissi*). Tbilissi, 2011, S. 15.
21 Šataije, Nugzar: *Puris mot'xroba* (Schataidse, Nugsar: *Die Brot-Geschichte*). Tbilissi, 2005, S. 5.
22 J̌avaxišvili, Ivane: *Masalebi sak'art'velos šinamrecvelobisa da xelosnobis istoriisat'vis* (Dschawachischwili, Ivane: *Materialien zur Wirtschafts- und Handwerksgeschichte in Georgien*). Bd. 3, Teil 2. Tbilissi, 1986, S. 10.
23 Ebd. S. 127.
24 Ebd. S. 30.
25 Č'itaia, Giorgi: *K'art'veli xalxis sameurneo qop'a da materialuri kultura* (Tschitaia, Giorgi: *Das wirtschaftliche Leben und die materielle Kultur des georgischen Volkes*). Tbilissi, 1997, S. 217.
26 Ebd. S. 215.
27 J̌avaxišvili, Ivane: *Op. cit.* S. 190.
28 Šataije, Nugzar: *Puris mot'xroba* (Schataidse, Nugsar: *Die Brot-Geschichtehe*). Tbilissi, 2005, S. 105.
29 J̌avaxišvili, Ivane: *Op. cit.* 43.
30 Ebd. S. 54
31 Važa-Pšavela: *Et'nograp'iuli cerilebi* (Wascha Pschawela: *Ethnographische Aufsätze*), Tiflis, 1937, S. 91-92.
32 J̌avaxišvili, Ivane: *Op. cit.* S. 12.
33 Ebd. S. 86.
34 Važa-Pšavela: *Op. cit.* S. 9.
35 Brandes, Stanley J. *Skulls to the Living, Bread to the Dead*. Oxford : Blackwell Publishing, 2006, S. 33.
36 Šataije, Nugzar: *Op. cit.* , S. 106.
37 J̌avaxišvili, Ivane: *Op. cit.* S. 145.
38 Idoije, Nugzar: *T'ušuri tradic'iuli samzareulo* (Idoidse, Nugsar: *Traditionelle Küche von Tuschetien*). Tbilissi, 2009, S. 8.
39 Toussaint-Samat, Maguelonne: *Op. cit.* S. 203, S. 206.
40 Rosen, Roger. *Georgia: Sovereign Country of the Caucasus*. Odyssey Illustrated, 1999, S. 79.
41 Berjenišvili, Niko: *Sak'art'velos istoria* (Berdsenischwili, Niko: *Die Geschichte Georgiens*). Tbilissi, 1950, S. 109.
42 Zubaida, Sami and Tapper, Richard (eds.). *A Taste of Thyme: Culinary Cultures of the Middle East*. London, New York : Tauris Parke Paperbacks, 2000, S. 9.
43 Ebd. S. 95
44 Rozin, Elisabeth: *Ethnic Cuisine*. New York : Penguin Books, 1992, S. 27-29.
45 Berjenišvili, Niko: *Op. cit.* S. 89.
46 Bottéro, Jean: *Op. cit.* S. 26, 27
47 J̌avaxišvili, Ivane: *Op. cit.* S. 215
48 Šardeni, Žan: *Mogzauroba sparset'sa da aġmosavlet'is sxva k'veqnebši* (Chardin, Jean: *Die Reise nach Persien und in andere Länder des Orients*). Tbilissi, 1975, S. 324.

49 Ǯavaxišvili, Ivane: *Op. cit.* S. 199.
50 Bottéro, Jean: *Op. cit.* S. 26-27.
51 Herodote: *Istoria (*Herodot: Historien). Tbilissi, 2007, 3.111, 1-3.
52 Ebd. 3.110.
53 Genesis: 2,8.
54 Corn, Charles. *The Scents of Eden*. Kodansha USA, 1998, S. xix.
55 Standage, Tom: *Op. cit.* S. 110.
56 Tannahill, Reay. *Food in History*. London : Penguin Books, 1989, S. 205.
57 Ǯudič'e, Ǯuzepe: *Cerilebi sakart'veloze - me-17 saukune* (Giudice, Giuseppe: *Briefe* über *Georgien - 17. Jahrhundert*). Tbilissi, 1964, S. 39.
58 Ciklauri, Meri: *K'art'uli samzareulo* (Ziklauri, Meri: *Georgische Küche*). Tbilissi, 2004, S. 9.
59 Tannahill, Reay: *Op. cit.* S. 206.
60 Ǯavaxišvili, Ivane: *Op. cit.* S. 54.
61 Ǯavaxišvili, Ivane: *Op. cit.* S. 208.
62 Fragner, Bert: *From the Caucasus to the Roof of the World: A Culinary Adventure*. In: Sami Zubaida and Richard Tapper (eds.). *A Taste of Thyme: Culinary Cultures of the Middle East*, 2010, S. 54.
63 Tannahill, Reay: *Op. cit.* S. 146-147.
64 Ebd., S. 210
65 Ioseliani, Platon: *C'xovreba Giorgi mec'ametisa* (Iosseliani, Platon: *Leben des Giorgi XIII.*), Tiflis, 1936, S. 207
66 Giuldenštedti, Iohan Anton: *Mogzauroba sak'art'veloši* (Güldenstädt, Johann Anton: *Die Reise in Georgien*). Tbilissi, 1962, S. 255.
67 Nebierije, Lamara: *Dasavlet' amierkavkasiis eneolit'i* (Nebieridse, Lamara: *Das Neolithikum im Südwestkaukasus*). Tbilissi, 1972, S. 15.
68 Kiple, Kenneth F. *A Movable Feast*. Cambridge University Press, 2007, S. 16-17.
69 Ellison, Rosemary: *Methods of Food preparation in Mesopotamia (c. 300-600 B.C)*. In: *"Journal of the Economic and Social History of the Orient"*, 27.1 1984, S. 92-93
70 Zubaida, Sami and Tapper, Richard (eds.). *A Taste of Thyme: Culinary Cultures of the Middle East*. 2010, S. 11.
71 Idoije, Nugzar: *T'ušet'i* (Idoidse, Nugsar: *Tuschetien*). Tbilissi, 2006, S. 7.
72 Fragner, Bert: *Op. cit.* S. 56.
73 Poxlebkin, Viljam V.: *Nacionalnye kuxni našix narodov* (Pochljobkin, V. V. *Nationale Küchen unserer Völker* [in Russisch]). Moskau, 1997, S. 275.
74 Ǯavaxišvili, Ivane: *Op. cit.* S. 31.
75 Ebd., S. 105.

76 Ebd., S. 77.
77 Ellison, Rosemary: *Op. cit.* S. 89-98.
78 Grišašvili, Ioseb: *T'xzulebani, t. III* (Grischaschwili, Iosseb: *Werke, Bd. 3).* Tbilissi, 1985, S. 51-52.
79 J̌orǰaje, Barbare: *K'art'uli samzareulo da nac'adni c'nobani* (Dschordschadse, Barbare: Die *georgische Küche und vertrauenswürdige Hinweise*). Tiflis, 1874, S. 154-155.
80 J̌avaxišvili, Ivane: *Op. cit.* S. 31.
81 Bottéro, Jean: *Op. cit.* S. 100.
82 Frosch, Hans. *Zu Gast in anderen Ländern*. Leipzig : Verlag für die Frau, 1986, S. 53.
83 Bagrationi, Vaxušti: *Aġcera samep'osa sak'art'velosa* (Bagrationi, Wachuschti: *Beschreibung des Königtums Georgien*), Tbilissi, 1973, S. 96.
84 von Bremsen, Anya and Welchman, John. *Please to the Table: The Russian Cookbook*. New York: Workman Publishing Company, 1990, S. xxv.
85 Fox, Shaffer. *100 and Healthy*. Salt Lake City : Woodland Publishing, 2005, S. 10.
86 Gamba, J̌ak P'ransua: *Mogzauroba amierkavkasiaši, t. I* (Gamba, Jacques-Françoise: *Die Reise in* Südkaukasien, *Bd. 1*), Tbilissi, 1987, S. 149-150.
87 Zitiert nach J̌aavaxišvili, Ivane: *Op. cit.* S. 73.
88 Apollonius von Rhodos: *Das Argonautenepos*. Darmstadt : Wissenschaftliche Buchgesellschaft, 1996.
89 Lekiašvili, Andro: Šen *xar venaxi* (Lekiaschwili, Andro: *Du bist Weinrebe*), Tbilissi, 1972, S. 114-115.
90 Xarbedia, Malxaz: *K'art'uli ġvinis gzamkvlevi* (Charbedia, Malchas: *Weinführer durch Georgien*). Tbilissi, 2010, S. 11.
91 Grigorianc'i, Karapet: *Op. cit.* S. 53.
92 J̌orǰaje, Barbare: *Op. cit.* S. 1.
93 Čičinaje, Zak'aria: *Rogora sčamdnen da svamdnen ucin* (Tschitschinadse, Sakaria: *Wie man früher aß und trank*). In: *"Iveria", 1889, #135*, S. 3-4.
94 Ebd.
95 *Junosti čestnoe zercalo (Der Jugend Ehrenspiegel)*. Sankt Petersburg, 1717.
96 Sulxan-Saba Orbeliani: *Mogzauroba evropaši* (Sulchan-Saba Orbeliani: *Die Reise in Europa*). Tbilissi, 1959, S. 32-33.
97 Goldstein, Darra. *The Taste of Russia*. Montpelier, Vermont : Russian Information Services, 1999, S. 24.
98 Visser, Margaret. *The Rituals of Dinner*. S. 200.

99 Ebd.
100 Bagrationi, Vaxušti: *Op. cit.* S. 24.
101 Zitiert nach J̌avaxišvili, Ivane: *Op. cit.* S. 83.
102 Bagrationi, Vaxušti: *Op. cit.* S. 24.
103 Šardeni, Žan (Chardin, Jean): Op. cit. S. 344-347.
104 J̌udič'e, J̌uzepe: *Cerilebi sakart'veloze – me-17 saukune* (Giudice, Giuseppe: *Briefe* über *Georgien – 17. Jahrhundert*). Tbilissi, 1964, S. 36.
105 Lebling, Robert: Zyriab. https://de.scribd.com/document/22570702/Flight-of-the-Blackbird-Saudi-Aramco-World-Jul-Aug-2003.
106 Grišašvili, Ioseb: *Op. cit.* S. 137.
107 Grigorianc'i, Karapet: *Op. cit.* S. 94-95.
108 Bottéro, Jean: *Op. cit.* S. 118-121.
109 Idoije, Nugzar: *T'ušuri tradic'iuli samzareulo* (Idoidse, Nugsar: *Traditionelle Küche von Tuschetien*). Tbilissi, 2006, S. 17.
110 Murray, Oswyn. *Sympotica: A Symosium on the Symposion.* Oxford: Clarendon Press, 1990, S. 6.
111 Ebd.
112 Frosch, Hans. *Op. cit.* S. 112
113 Steinbeck, John. *A Russian Journal.* New York: Viking Press, 1948, S. 188-189.
114 Saxokia, T'edo: *Mogzaurobani* (Sachokia, Tedo: *Die Reisen*). Batumi, 1985, S. 82-83.
115 Steinbeck, John. *Op. cit.* S. 187.

BILDNACHWEIS

Umschlag: © RuslanKphoto / Fotolia. (oben), *Familie* von Tamara Kwesitadse, fotografiert von Steve Weinberg (unten)
S. 2/3: © Siempreverde22 / iStock.
S. 7: © TamasSzendrei / iStock.
S. 8/9: © Oleksandr Kotenko /Fotolia.
S. 10: Goldene Schale von Trialeti. Erste Hälfte des zweiten Jahrtausends v. Chr. Georgisches Nationalmuseum.
S. 11: © viktor kashin / iStock.
S. 13: © arxichtu4ki / iStock.
S. 16: © Radiokukka / iStock.
S. 18: Rekonstruktion einer Küche aus Uruk, Mesopotamien. Viertes Jahrtausend v. Chr. Staatliche Museen zu Berlin (Pergamonmuseum). Fotografie von Sophie Gatschetschiladse.
S. 19: *Knochen*. Tamara Kwesitadse. Privatsammlung.
S. 20: Tonkrug. Berikldeebi, Georgien. Zweite Hälfte des dritten Jahrtausends v. Chr. Georgisches Nationalmuseum.
S. 22/23: © robru / iStock.
S. 25 (oben): Landwirtschaftliche Geräte. Kwazchela, Achalziche, Georgien. Erste Hälfte des dritten Jahrtausends v. Chr. Georgisches Nationalmuseum. Fotografie von Surab Mikadse.
S. 25 (Mitte): Konisches Trinkgefäß aus Ton mit einer Hahnenkamm-Ausbuchtung an einer Seite. Berikldeebi, Kareli, Georgien. Zweite Hälfte des dritten Jahrtausends v. Chr.
S. 25 (unten): Modell eines Ochsenkarrens. Ton. Badaani, Tianeti, Georgien. Erste Hälfte des dritten Jahrtausends v. Chr. – Miniaturfiguren von Ochsen. Ton. Berikldeebi, Schida Kartli, Georgien. Zweite Hälfte des dritten Jahrtausends v. Chr. (symbolische Darstellung).
S. 26 (oben): Fragment einer Sichel. Knochen und Feuerstein. Chramis Didi Gora, Kwemo Kartli, Georgien. Sechstes Jahrtausend v. Chr. Georgisches Nationalmuseum. Fotografie von Surab Mikadse.
S. 26 (unten): Abdruck von Weichweizen auf einem Lehmziegel. Aus den Ruinen einer Wohnstätte in Aruchlo, Georgien. Neolithische

Periode, sechstes Jahrtausend v. Chr. Georgisches Nationalmuseum. Fotografie von Surab Mikadse.
S. 28: Karte des Fruchtbaren Halbmonds.
S. 33: Darbringung von Speiseopfern, altes Ägypten. Zwölfte Dynastie (1800 v. Chr.). Staatliche Museen zu Berlin (Neues Museum). Fotografie von Sophie Gatschetschiladse.
S. 34 (oben): Silberschale aus Trialeti, Georgien. Erste Hälfte des zweiten Jahrtausends v. Chr. Georgisches Nationalmuseum.
S. 34 (unten): Tierförmige Weingefäße aus Ton, Tbilissi, Georgien. Achtes bis Siebtes Jahrhundert v. Chr. Georgisches Nationalmuseum.
S. 36/37: *Kaukasusgebirge*, Georgien. Fotografie von Badri Wadatschkoria.
S. 39: *Tanz*. Fotografie eines Gemäldes von Grigori Gagarin (1810-1893). Nationalbibliothek von Georgien.
S. 40: © irisphoto2 / iStock.
S. 41: Batumi, Adscharien, Georgien. Ende des neunzehnten Jahrhunderts. Sammlung Baadur Koblianidse. Nationalbibliothek von Georgien.
S. 46: Dorf Beghela, Gemeinde Gomezari, Tuschetien, Georgien. Fotografie von Badri Wadatschkoria.
S. 48: Der babylonische König Aššurnasirpal II. Relief, Kalhu/Nimrud (Nordirak). Neuntes Jahrhundert v. Chr. Staatliche Museen zu Berlin (Neues Museum). Fotografie von Sophie Gatschetschiladse.
S. 49: Speisenfolge des Gastmahls des georgischen Schriftstellers Akaki Tsereteli, 1899, Bestand Iosseb (Ssossiko) Merkwiladse, Giorgi Leonidse Staatsmuseum für Literatur.
S. 52: Traditionelles georgisches blaues Tischtuch. Ketewan Kawtaradse und Tinatin Kldiashwili (Aussteller).
S. 54/55: © irisphoto1 / Fotolia.
S. 56: Eine Sammlung alter babylonischer Rezepte (YCB 4640). 1750 v. Chr. „Yale Babylonian Collection“, Yale University, USA.
S. 59: *Das Letzte Abendmahl.* Dschrutschi-Evangelien (Georgien). Zwölftes-dreizehntes Jahrhundert. Staatliches Zentrum für Manuskripte, Tbilissi.
S. 60 (Mitte): Bäcker, antikes Ägypten. Zwölfte Dynastie (2050-1800 v. Chr.). Staatliche Museen zu Berlin (Neues Museum). Fotografie von Sophie Gatschetschiladse.
S. 61 (unten): Bäcker an einem Brotofen. Griechenland. Fünftes Jahrhundert v. Chr. Staatliche Museen zu Berlin (Altes Museum). Fotografie von Sophie Gatschetschiladse.
S. 63: Brotbacken in einem *Tone*. Kachetien, Georgien. Sammlung

Dmitri Jermakow. Georgisches Nationalmuseum.
S. 68: Ritualbrote für die Verstorbenen. Swanetien, Georgien. Zeichnung von Nino Brailaschwili 1990.
S. 69: Ritualbrot. Ethnographische Zeichnung. Zeichnung von Wera Bardawelidse 2006.
S. 74: Ritualbrote. „Glückslaibe". Zeichnung von Wera Bardawelidse 2006.
S. 75: *Bazukakis* für den Tag der Toten. Ethnographische Zeichnung von 1986.
S. 77: Hochzeitsbrot. Zeichnung von N. Matschabeli.
S. 80/81: Ansicht von Guria, Georgien. Fotografie von Badri Wadatschkoria.
S. 82: Vase aus dem Eanna-Tempel, Uruk, Mesopotamien. Sechstes Jahrtausend v. Chr. Staatliche Museen zu Berlin (Pergamonmuseum). Fotografie von Sophie Gatschetschiladse.
S. 84: Relief mit Kriegern. Persepolis, Palast von Darius I. 521-486 v. Chr. Staatliche Museen zu Berlin (Pergamonmuseum). Fotografie von Sophie Gatschetschiladse.
S. 85: Fragment eines Mosaiks. Dsalissi, Georgien. Zweites Jahrhundert n. Chr.
S. 87: Karte Asiens von Prinz Wachuschti Bagrationi, 1755. Staatliches Zentrum für Manuskripte, Tbilissi.
S. 89: Irdene Gefäße. Kwazchela, Kawtißchewi, Kartlien, Georgien. Erste Hälfte des dritten Jahrtausends v. Chr. Georgisches Nationalmuseum. Fotografie von Surab Mikadse.
S. 90: Fragment eines Mosaiks. Dsalissi, Georgien. Zweites Jahrhundert n. Chr.
S. 92: Komposition aus georgischen Speisen und Lebensmitteln, Tamara Kwesitadse.
S. 95: Gewürze. Fotografie von Rusudan Gorgiladse.
S. 96: Walnuss (Frucht von Juglans regia), Dedoplis (Aradetis) Gora, Georgien. Erstes Jahrhundert n. Chr. Georgisches Nationalmuseum.
S. 102/103: Eine Ansicht Kachetiens, Georgien. Fotografie von Badri Wadatschkoria.
S. 108: *Noahs Arche*. Tamara Kwesitadse. Privatsammlung.
S. 115: © WilshireImages / iStock.
S. 121: Tonfiguren. Kulturen des westlichen Mexiko. Viertes Jahrhundert v. Chr. bis zehntes Jahrhundert n. Chr. Staatliche Museen zu Berlin (Ethnologisches Museum). Fotografie von Rusudan Gorgiladse.
S. 123: *Truthahn*. Merab Abramischwili. Archiv der Familie des Künstlers.
S. 130/131: Eine Ansicht Kachetiens, Georgien. Fotografie von Badri Wadatschkoria.

S. 133: Karte des Fruchtbaren Halbmonds.
S. 134: Miniatur aus Schota Rustawelis *Der Recke im Tigerfell* (achtzehntes Jahrhundert, unbekannter Künstler). Staatliches Zentrum für Manuskripte, Tbilissi.
S. 138: Auszug aus dem Wörterbuch von Sulchan-Saba Orbeliani, 1716. Staatliches Zentrum für Manuskripte, Tbilissi.
S. 142: © dashadida1225 / Fotolia.
S. 144/145: Ober-Adscharien, Georgien. Fotografie von Badri Wadatschkoria.
S. 146: *Mensch in einem Fisch*. Tamara Kwesitadse. Privatsammlung.
S. 150: Saure Kirsch-Pflaume. Fotografie von Rusudan Gorgiladse.
S. 152: © vlad_karavaev / iStock.
S. 155/156: *Ssulguni* und geflochtene *Sulguni*-Ritualkäse. Zeichnung von Wera Bardawelidse 2006.
S. 156 (unten): Swanetische *Bazikis*, Käsefiguren für die Seelen der Toten. Zeichnung von Nino Brailaschwili 1990.
S. 158: © Kotenko_A / iStock.
S. 160: © klug-photo / iStock.
S. 164: Der Meister des Teeanbaus Lao Zhang Zhou. Teefabrik in Tschakwi, Georgien. 1905-1915. Fotografie von Sergej Prokudin-Gorski. Library of Congress Collection.
S. 165: Eine Gruppe von pontischen Griechinnen bei der Teeernte. Tschakwi, Georgien. 1905-1915. Fotografie von Sergej Prokudin-Gorski. Library of Congress Collection.
S. 166: Gefäß mit breitem Ausguss vom *Kwewri*-Typ. Chramis Didi Gora, Mameuli, Georgien. Erste Hälfte des sechsten Jahrtausends v. Chr. Georgisches Nationalmuseum. Fotografie von Surab Mikadse.
S. 168: Fragment des Mosaiks von Dsalissi, Georgien. Zweites Jahrhundert n. Chr.
S. 170: Weinkeller in Alexander Tschawtschawadses Anwesen in Zinandali, Georgien. Flaschen von Napareuli Cabernet 1911. Fotografie von Rusudan Gorgiladse.
S. 174 (links): Isabella Beetons Buch. Faksimile der ersten Ausgabe. 1861.
S. 174 (rechts): Isabella Beeton (1836-1865).
S. 176 (links): Elena Molochowez' Buch. Ausgabe von 1875.
S. 176 (rechts): Elena Molochowez (1831- 1918).
S. 178 (links): Barbare Dschordschadse (1811-1895). Nationalbibliothek von Georgien.
S. 178 (rechts): Barbare Dschordschadses Buch. Erste Ausgabe 1874. Nationalbibliothek von Georgien.
S. 180: *Ein Buch* über *die köstliche und gesunde Nahrung*, Ausgabe von 1952.
S. 181: Theodora Anna (Byzantini-

sche Prinzessin, 1058-1083). Sforza-Kastell, Mailand. Fotografie von Rusudan Gorgiladse.
S. 183: Messer und Gabeln von Eugenio Belosio. 1887. Sforza-Kastell, Mailand. Fotografie von Rusudan Gorgiladse.
S. 184 (links): *Der Jugend Ehrenspiegel.* Ausgabe von 1717.
S. 184 (rechts): Peter der Große (1672-1725).
S. 187: Ziryabs Garten. Miniatur aus dem sechzehnten Jahrhundert.
S. 188: *Restaurant*. Tbilissi, Georgien. Neunzehntes Jahrhundert, unbekannter Künstler. I. Grischaschwili Bibliothek-Museum, Georgien.
S. 192: Erste Ausgabe des Buches von Jean Chardin. Amsterdam 1711. Nationalbibliothek von Georgien.
S. 194: *Tifliser Händler feiern mit Drehorgelspieler*, Gemälde von Niko Pirosmani.
S. 196: Ein Hochzeitsfest in Tbilissi, Georgien. Illustration aus dem Buch von Jean Chardin. Nationalbibliothek von Georgien.
S. 198: Georgische Adlige bei einem Gastmahl in Kislowodsk mit dem späteren Zaren Alexander II. 1850. Sammlung Dmitri Jermakow. Georgisches Nationalmuseum.
S. 201: Symposion. Männer bei einem Gastmahl. Griechenland, 480 v. Chr. Staatliche Museen zu Berlin (Altes Museum). Fotografie von Sophie Gatschetschiladse.
S. 202: Trinkhorn (*Kanzi*). Sammlung Dmitri Jermakow. Georgisches Nationalmuseum.
S. 203: Bronzefigur mit einem Trinkhorn (*Kanzi*). Wani, Georgien. Siebtes Jahrhundert v. Chr. Georgisches Nationalmuseum.
S. 204: Gurischer Chor. 1917. Sammlung Luarsab Togonidse. Nationalbibliothek von Georgien.
S. 206: Grafische Darstellung eines bronzenen Gürtels aus Samtawro, Mzcheta, Georgien. Achtes bis siebtes Jahrhundert v. Chr. Georgisches Nationalmuseum.
S. 207: Bankett in Zinandali, Georgien. Giorgi Leonidse Staatsmuseum für Literatur.
S. 211: *Koch*, Gemälde von Niko Pirosmani.
S. 212: © photoshkolnik / iStock.
S. 214, 216: © Kacha Buchraschwili
S. 218: © MariaRaz / iStock.
S. 220: © La_vanda / iStock.
S. 222: © Fanfo / Fotolia.
S. 224: © Elet1 / iStock.
S. 226: © FomaA / Fotolia.
S. 228: © Viktor Kochetkov / Fotolia.
S. 230: © Kacha Buchraschwili
S. 232: © mikafotostok / iStock.
S. 233: © surajps / iStock.
S. 234: © laperla_foto / iStock.
S. 236: © k_samurkas / iStock.

Titel der Originalausgabe
კერძთაყვანისცემა von Rusudan Gorgiladse

The book was published in the frames of the program Georgia the Guest of Honour country at the 2018 Frankfurter Buchmesse with the support of the Georgian National Book Center and the Ministry of Culture and Sport of Georgia.

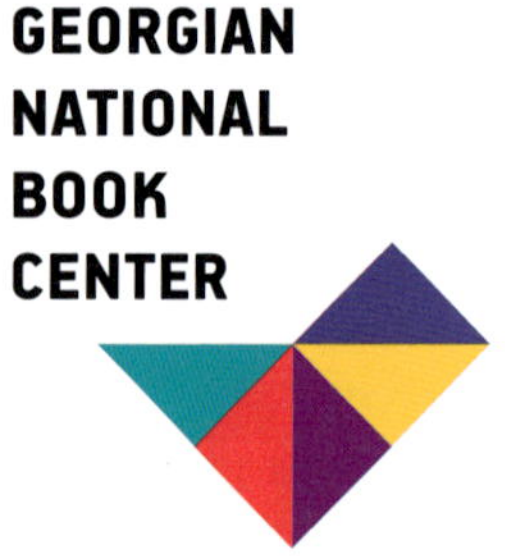

Bibliografische Information der Deutschen Nationalbibliothek
Die Deutsche Nationalbibliothek verzeichnet diese Publikation in der Deutschen Nationalbibliografie; detaillierte bibliografische Daten sind im Internet über http://dnb.d-nb.de abrufbar.

ISBN 978-3-95602-149-7

Am Rech 14, 66386 St. Ingbert
Tel: (0 68 94) 1 66 41 63
E-Mail: info@conte-verlag.de
Verlagsinformationen im Internet unter www.conte-verlag.de

Übersetzung aus dem Georgischen: Alexander Kartosia
Umschlag und Satz: Markus Dawo
Druck und Bindung: Faber, Mandelbachtal